歴史文化ライブラリー

227

家族の古代史

恋愛・結婚・子育て

梅村恵子

JN225166

目次

家族のかたち——プロローグ

1　家族のかたち

現代の結婚

テレビやラジオの歌番組から携帯の着メロまで、毎日数限りない曲が流されている。熟年向きの演歌はもちろん、若者が好むロックでも、歌われているのはほとんどが〝恋の歌〟のようだ。しかもその恋は、相手に届かない想いか失った恋への想い出といった実らぬ恋をテーマにしている。恋愛中のふたりの幸せを歌う曲もそれなりに存在するものの、〝恋〟の果実としての結婚を歌う曲はきわめて少ない。小説にしても同様で、幸福な夫婦が登場するのは時代小説ばかりである。

恋愛の幸せな結末は〝結婚〟、というのが常識であったのは、それほど昔のことではない。

結婚を決意した男女は、親類・友人・知人を招待して神社や教会で結婚式をあげ、盛大な披露宴を開いたり、結婚の挨拶状を知人に送ったりして、ふたりが結婚した事実を周囲に知らせる。夫婦で幸せな家庭を築くことを誓い、〝ともに白髪の生えるまで〟生活を共にしたいとの決意を述べるのも、このときである。また、この前後には、役所へ婚姻届を提出し、夫婦いずれかの姓、ほとんどは夫の姓をつけた新しい戸籍を作り、新居に住民登録をする。法律的にはこの届出をもってふたりの結婚が完全となる。新居を構えた夫婦は子どもを産み、父親・母親として子育てに励む。やがて子どもたちも成長し、長男は嫁を迎えて家を継ぎ、次男以下は家を出て独立、娘は似たような家柄の男のもとに嫁ぐ。結婚に対するイメージはこのようなステレオタイプなものだった。

民法では夫婦は同居を義務づけられ、明文化はされていないものの、互いに貞操《ていそう》を守る義務を負う。夫婦は生計を一《いっ》にして、子どもが未成年の間は夫婦で親権《しんけん》を行使する。夫婦のいずれかが亡くなったときには、残された側は遺産相続の権利をもつ。妻の子どもは嫡《ちゃく》出子《しゅっし》として、他の女性の産んだ非嫡出子（婚外子）より優遇される。夫に扶養される妻と子は税制の面でも手厚く保護されていた。このように、結婚した男女に対しては、社会の側からの支援がある一方で、結婚した男女も社会に対する義務を負うことになる。

ところが、現在では、お互いに愛し合い、経済的にも問題がなく、周囲から反対されているわけでもない、結婚への障害は何もないのに、なかなか結婚しようとしないカップルが増えている。信頼できる恋人はいて欲しいが、今の安穏な暮らしを変えたくない。社会との新たな関係を構築することが面倒であるとか、仕事と家庭生活、特に子育てとの両立が難しいなどの理由から、結婚がためらわれるようになった。

また、結婚式や披露宴をあげないことはもちろん、あえて婚姻届を出さない夫婦も多い。形式的な結婚を拒否したい、夫婦別姓主義を貫くため、長男・長女の組合せ夫婦のためどちらかの姓を選べないなど、その理由はさまざまである。夫婦同居の義務に関しても、長期にわたる単身赴任をやむなくされる夫婦もあれば、意識的に夫婦同居をしない結婚生活もある。子どもが欲しくても持てない夫婦がある一方で、子どもを産み育てることを選択しない夫婦も多い。逆に、同性同士で暮らすカップルが、法的な保障の必要から、同性の結婚を制度化するように要求する動きもあらわれている。夫婦とか結婚とかいうことばが、今までのようには使えなくなる時代に入っているのは確かなようである。

ただ今でも、夫の両親と同居して〝嫁〟の役割を果たしている妻や、夫のＤＶ（家庭内暴力）や浮気に悩む妻はまだまだおおぜいいる。政府の方針も、年金制度に専業主婦の保護を目的とした三号被保険者を残す一方で、税制上の配偶者控除を廃止しようとしたり、選択的夫婦別姓や未届婚を認める方向に動いたり、否定的になったりと、揺れ動いている。「伝統的家族」の絆《きずな》を復活させようと目論《もくろ》みながら、現代の結婚の多様化に戸惑い、夫婦の現実を追いかけて、現状を追認する方向に動くしかないようでもある。

しかしながら、女が夫の家に嫁入りし、夫の両親や兄弟姉妹と同居して、家事一切を受け持ち、おおぜいの子どもを育て上げる。その家に長男が嫁を迎えて妻は姑《しゅうとめ》となり、孫に囲まれて嫁の介護を受ける。こうして、家族は男系で再生産され永遠につながっていく。一部の人たちに理想とされるこのような「伝統的家族」が、日本の古代社会から存在した家族の形だったわけではない。

古代の恋と結婚

『万葉集《まんようしゅう》』や、『古今集《こきんしゅう》』にはじまる勅撰集《ちょくせんしゅう》にも数多くの〝恋の歌〟が歌われている。現代の歌曲と同様に、失恋の歌、忍ぶ恋の歌も多いが、自分の恋心を相手に伝える、つまり求愛の歌が多いのが伝統的な歌の世界の特色といえる。古代社会では、男が〝恋の歌〟を女に送り、女はこれに返しの歌を送る。この取り交わされる〝恋の歌〟を相聞歌《そうもんか》といい、男女の結婚はまず相聞歌の贈答からはじまる、といわれている。とはいっても、相聞歌を取り交わしたカップルが、必ず結婚したわけではない。歌の贈答はしても恋愛関係まで至らなかったり、一時的な恋愛に終わったりしている場合が多いのは現代の様相と変わらない。

注釈を頼りに古典文学を読んでいくと、男女が歌を取り交わすことをもって結婚のはじまりと解釈する箇所にぶつかる。また、『万葉集』の女流歌人や平安時代の女流作家の解説では、歌のやりとりをした男性を、夫に擬《ぎ》すことも当然のようにおこなわれている。恋愛＝即結婚と直結して解釈するのでは、まるで古い道徳家の貞操観念のように思われても仕方がない。では、歌の贈答からはじまるとされる古代日本の社会の結婚は、恋愛期間とどのように区分されていたのであろうか。

現代日本のような届出婚、または、キリスト教社会での神の名のもとに神父（牧師）の仲介による宗教的結婚、儒教社会のような厳格な婚礼による儀式婚などは、結婚の開始時点が明確である。しかし、古代の日本で結婚の儀礼がこのように整っていたわけではなかった。恋愛と結婚の定義は、意外なほどあいまいなものである。

人類学者のウェスターマークは、結婚の定義を次のように規定している（E. A. Westermarck『人類婚姻史』〈翻訳〉社会思想社　一九七〇年）。

①　通常長期間続き、子どもをうむ男と女の性的関係。

②　ひとつの容認された行為形態として、社会による関係の是認。

③　婚姻当事者による家族的責任（最小限のものではあるけれども）の承認。

結婚は、男女の生活する社会の一員として一定の責務を果たすこと、それと引き換えに、社会からの承認と権利をあたえられることだと言い換えることができる。では、古代日本の社会はどのような男女を結婚関係として承認したのだろうか。

いろいろな家族

一組の男女が結婚することによって、新たな家族が誕生する。現代の日本では家族が多様化し、少子化が進んでいるが、それでも家族といえば、夫婦とその子どもたちの三人から五人くらいでつくられる家族をイメージするだろう。このような家族を、核家族《かくかぞく》とか単純小家族という。これに対して、夫婦の親世代が同居している家族を、大家族とか複合家族とか呼ぶ。複合家族といっても今の日本では、夫の親との同居、妻の親との同居、また、夫婦いずれかの兄弟姉妹などの親族が同居する場合など、家族のメンバーは一定していない。しかし、日本の〝伝統的家族〟と称されるのは、長男夫婦が夫の両親と同居する形をとる父系制家族のことである。〝伝統的家族〟は、一家を統率する男性、つまり家長《かちょう》（家父長《かふちょう》ともいう）が家族員に対して強い権限をもつことから〝家父長制家族〟といわれることが多い。

しかし、先史時代の住居跡からみると、ひとつの竪穴《たてあな》住居に住んだのは数人から一〇人くらいで、大家族の住む広さはなかったという。また、古墳に複数で埋葬された人物の関係は、夫婦よりも血のつながった親族が多いという（田中良之『古墳時代親族構造の研究—人骨が語る古代社会—』柏書房　一九九五年）。『古事記《こじき》』の説話でも夫婦よりも同母兄妹の絆の強さを示す逸話がいくつも残されている。〝家族〟や〝結婚〟の枠組みはなかなか複雑である。

正倉院の戸籍から

東大寺大仏殿の北西にひっそりとたたずむ校倉造《あぜくらづくり》の正倉院《しょうそういん》は、三棟に分割された内部に、聖武《しょうむ》天皇の遺愛の品にはじまる天平《てんぴょう》の宝物を現代へ伝える。正倉院は、美術・工芸の貴重な品々だけではなく、八世紀、奈良時代の歴史を紐解く上でなくてはならない大量の古文書が残されていることでも知られている。

正倉院文書の中に、大宝二年（七〇二）の美濃国戸籍《みののくにこせき》と西海道《さいかいどう》戸籍（筑前《ちくぜん》国・豊前《ぶぜん》国・豊《ぶん》後《ご》国）、養老五年（七二一）の下総《しもうさ》国戸籍がまとまって残されている。また、近江《おうみ》国、山背《やましろ》国、右京《うきょう》などの計帳《けいちょう》も残っている。この戸籍・計帳をもとに、古代家族の姿を再現しようと試みたのが石母田正《いしもだしょう》ら唯物史観《ゆいぶつしかん》に立脚する歴史学者であった。

石母田正は、正倉院戸籍の分析から、戸主ら上層農民だけは夫婦が同居しているが、一般の農民は夫婦別居の生活をしていたこと、家父長制的大家族から家父長制的小家族へ分裂していく傾向が明らかであることを論じた。石母田は、下総国戸籍を母系制の名残を示す後進地域の姿を示すもの、西海道戸籍は夫婦同居の家父長的大家族の形をとる先進地域のもの、美濃国戸籍はその中間型だとした。他の研究者も細かい結論は異なるものの、正倉院に残る三種類の戸籍が、エンゲルスのいう氏族共同体→親族共同体→世帯共同体＝家族共同体→奴隷制大家族へという古代家族の発展図式と整合することを証明し、歴史学会に大きな衝撃を与えた（「奈良時代農民の婚姻形態に関する一考察」『歴史学研究』七〇・七一

号　一九三九年)。

高群逸枝の招婿婚理論

石母田の古代家族論が発表される一年前、高群逸枝《たかむれいつえ》の『母系制の研究』(理論社　一九三八年)が出版された。女性史研究の創始者であり、また女性解放運動の理論的指導者でもあった高群逸枝は、一九三一年、社会や夫との相克《そうこく》の末、世田谷の陋屋《ろうおく》で、本居宣長《もとおりのりなが》の『古事記伝』一冊を頼りに女性史研究に取り組みはじめた。外の世界との接触をすべて絶ち、生活の糧《かて》も家事も夫にまかせ、ひたすら女性史研究に邁進《まいしん》した高群が、最初にその成果を世に問うたのが『母系制の研究』である。家族は父系で形成され、家父長的家族があたりまえとされていた当時、彼女の研究は完全に無視された。しかし、高群の研究意欲はまったく衰えず、一五年戦争(太平洋戦争)をはさんで、ようやく一九五三年、『招婿婚《しょうせいこん》の研究』(講談社)を発表した。

日本の婚姻について、高群は次のようにいう。まず、原始社会では、特別な結婚のタブーもなく男女が結びつく。生まれた子どもは群《むれ》(社会集団の単位)の子どもとして共同で育てる。ついで、古代社会の前期では、夜になると男が女の家を訪ね、夜明け前には男は自分の家に戻る。妻問婚《つまどいこん》の状態である。ふたりの男女の関係は双方が愛情を持ち合う期間だけ続き、愛情がなくなれば結婚は自然に解消される。ふたりの子どもはすべて女の家で育てられ、女の家の財産は女の子に継承される。

古代社会の後期に入ると、男の妻問婚から、やがて男が女の家に住みつく婿取婚《むことりこん》の形をとる。婿取婚は、①男の通いと妻方への住み着きが相半ばする前婿取婚、②男が妻方へ住み着く純婿取婚、③仮住居（経営所）で新婚生活をはじめる経営所婿取婚、④夫側の家に妻が住むが、夫の両親とは同居しない擬制婿取婚の四期に分けられる。女の家族は婿に「かしずき」、つまり婿の衣食の世話から社会的地位の世話までおこない、子どもはすべて女の家で育つことが続く。

群婚《ぐんこん》は史料上では確認できない太古の風習であり、①は、『古事記』や『万葉集』の時代、つまり飛鳥《あすか》時代から平安時代前期まで、『蜻蛉《かげろう》日記』のころが①から②への過渡期の時代、③は院政期《いんせいき》、④は鎌倉時代にあたると、結論づけた。ようやく、南北朝を画期として嫁取婚の時代にはいり、家父長的家族が大勢を占めることとなった、いわば「女性史的敗北」の時代がはじまったという婚姻史が展開される。

高群の説は、父系的家族を当たり前とするそれまでの家族観に大きな修正を迫るものであった。古代社会では、財産や社会的地位の継承は母系によっておこなわれること、女性が財産権をもつこと、結婚に際しては女の母の発言が重視されること、結婚当初は通い婚であっても、最終的には夫は妻の実家にすみつくこと、結論としては、古代社会では女の社会的地位は強く、母権制的社会であったこと、が強調された。

ほぼ同時期に発表された古代の結婚・家族に関する研究成果であるが、石母田らは家父長制家族の出現の時期を古代社会からとし、高群は中世後期まで下げる点で大きな違いをみせる。とはいっても、石母田理論も高群の招婿婚論も、モルガン（L. H. Morgan）からエンゲルス（F. Engels）にいたる発展的家族論を下敷きにした点では共通している。

大きな家族と小さな家族

さて、石母田らの学説に対しては、戸籍の史料的研究が進むにつれて、戸籍に書かれた家族の枠組みが、当時の家族の実態を表しているのだろうか、という疑問が出されるようになる。戸籍に戸として括られた家族は、単に五〇戸一里という行政上の単位を守ったり、課役や兵役の負担を平均したりする必要から、実際の家族を適当に合体したり分割したりした書類上の家族にすぎない。戸籍が同じだからといって、同居しているとは限らないという説が有力になってきた。

一方、高群の研究成果は、当初から歴史学よりも国文学の研究者にすんなりと受け入れられ、現在に至っても、概説書や注釈書はもとより、中古文学の研究書でも高群の招婿婚説が、そのままの形で紹介されている。歴史学の方面でも、早く、家永三郎や土田直鎮《なおしげ》が啓蒙書で高群を紹介して以来、現在では通説のごとく扱われることが多い。しかし、女性史研究者の間では、高群の史料の扱いや解釈に疑義をもつ者は多い。関口裕子《ひろこ》は、高群の功績を顕彰しながらも、高群の説は母系制・母権制の証明にあったのではなく、古代における〝家父長制の未成立〟を証明したことに研究の意義を見つけるべきだと主張している（『日本古代婚姻史の研究』上・下　塙書房　一九九三年）。なお、鷲見等曜は、日本古代の親族の形は父系でも母系でもなく、双系制（両属性ともいう）であったと主張した。吉田孝や義江明子も双系制説をとっている（『前近代日本家族の構造』弘文堂　一九八三年）。

実は、石母田と高群の家族論にはもうひとつ共通点がある。家父長制か母系制かという違いはあるものの、複合的大家族が古代の基本的な家族であると考えていることである。それに対して、マードック（G. P. Murdock）やローウィ（R. H. Lowie）に代表される文化人類学者は、家族というのは原初から小家族（基本家族・核家族）が基本形であって、一見大家族にみえる形態も、その内部に入って分析すれば、それぞれは夫婦と子どもからなる小家族に分割されると主張する。現段階では、小家族が人類社会の基本的かつ普遍的家族の形態であったか否か、文化人類学、歴史学いずれでも意見の分かれるところである。

小家族論もいわば、キリスト教社会で当然とされる、家族は男女の結婚から開始されるという考えが基底になっている。これに対して、東アジア世界では、家族は親と子どもによって成り立つと考えることが多い。キリスト教社会は夫婦という横の関係を重視し、アジア社会は親子という縦の関係をより重視しているともいえよう。さらに言えば、アジア社会の中でも、父親と子どもの繋がりを社会の基礎とする中国儒教的社会と、母親と子どもの繋がりが濃密にみえる日本社会とでは、家族のあり方にも異なった様相を示すと思われる。

本書では、古代日本の家族と結婚を考えるのに、正倉院文書を使う方法はあえてとらないことにした。また、高群の主張とも距離を置いて論じてみたいと思う。

古代の家族については、残された史料の制約のために、奈良時代及びそれ以前の時代に関する考察と、摂関期を中心とする平安時代の考察とは別個に論じられることが多かった。しかし、本書では、律令制度の導入前後から摂関政治の時代までを通して、日本の家族や婚姻がどのように変わっていったのかに着目していこうと考えている。特に、日本の家族に対する考え方に大きな影響を与えた中国の理念的家族観にふれ、中国の実態的な家族にも目を向けて、日本社会との類似と相違について述べていきたい。

敦煌の女たち

敦煌の離縁状

敦煌文書の発見

一九〇〇年、敦煌《とんこう》オアシスの東南、廃墟同然になっていた莫高窟《ばっこうくつ》に住みついていた王道士《おうどうし》という人物が、後に第一七窟と名づけられたちいさな脇窟から、堆《うずたか》く積まれた文書の山を発見した。いわゆる敦煌文書である。

一九世紀末のヨーロッパは帝国主義的風潮の真っ只中であった。最後の未踏査地《みとうさち》である中央ユーラシア、中でもタリム盆地、トルファン盆地を中心に、ヨーロッパ列強は競って探検隊を派遣した。ヘディン、スタイン、ペリオらが率いる各国の探検隊は、各地でその成果を競い合っていた。敦煌で発見された文書は、まずイギリスのスタインが王道士から買い入れ、ついでフランス隊のペリオが文書や絵画を購入した。時の清《しん》朝政府もあわてて敦煌文書の保護に乗り出し、北京《ペキン》に運ぶ命令を発したが、貴重な文書の多くがロシアや日

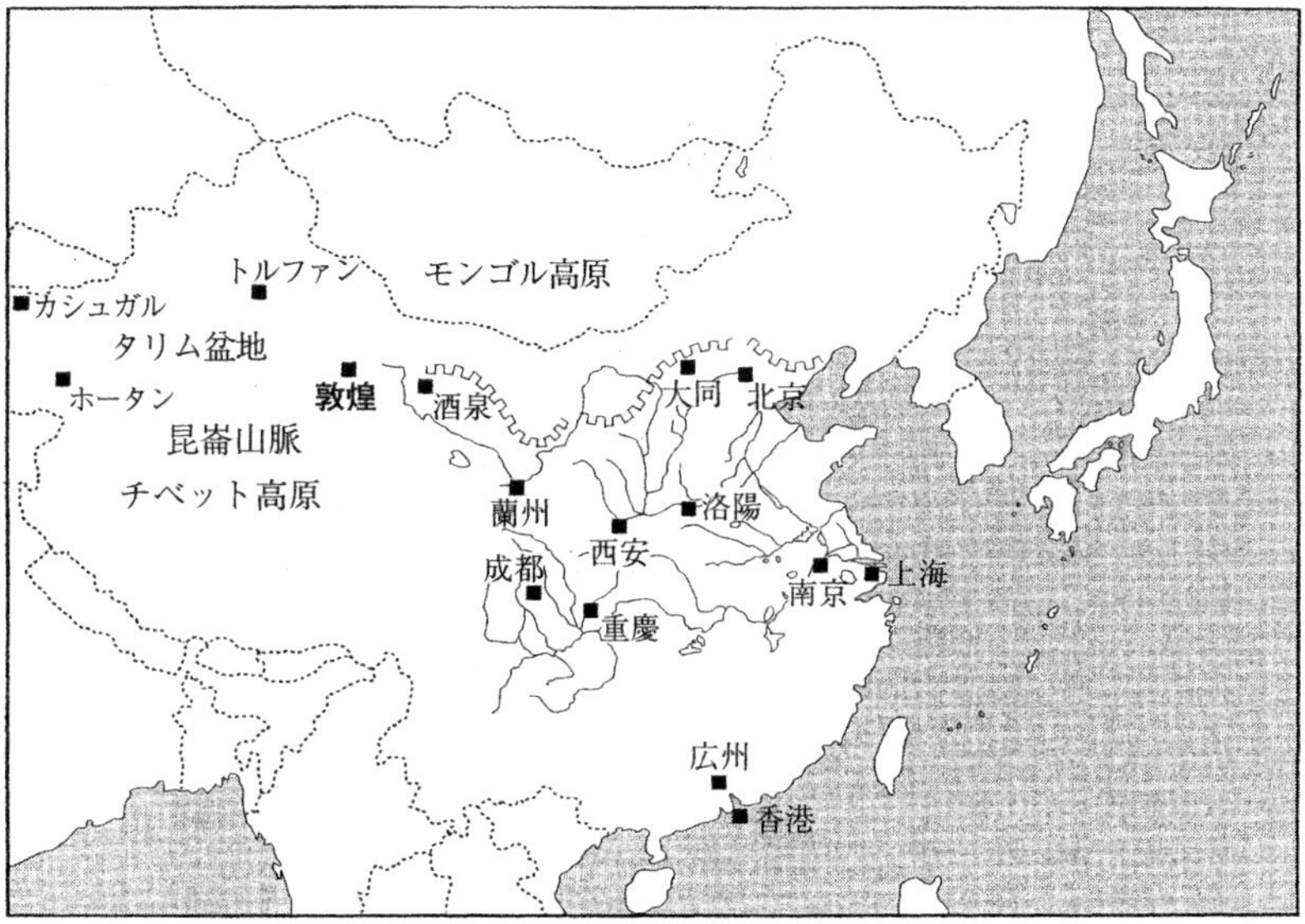
トルファン
モンゴル高原
カシュガル
タリム盆地
敦煌
ホータン
酒泉
大同
北京
崑崙山脈
チベット高原
蘭州
洛陽
西安
成都
南京
上海
重慶
広州
香港

敦煌周辺地図

本などへ流出してしまった。

その結果、これらの文書は世界各地の図書館・研究所で大切に整理・保管されることになり、世界中の研究者が文書の研究に取り組んだ。現在では写真付き釈文《しゃくもん》も次々に出版され、大英図書館（http://idp.bl.uk/）や龍谷《りゅうこく》大学（http://www.afc.ryukoku.ac.jp/Komon/caption.html）などのインターネットのサイトでは、文書の写真を閲覧・検索できるようになっている。敦煌文書の発見は、仏教学・美術史・法制史・中国文学そして中国史など、〃敦煌学〃と呼ばれる総合的な学問分野の発展に寄与している。女性史に関していえば、中国の前近代の女性の生活にかかわる情報はきわめて少なかった。その中で、敦煌文書は女性の生活や家族の関係を知るための史料としてきわめて貴重なものである。敦煌文書の研究は、戦前から仁井田陞《にいだのぼる》・那波利貞《なばとしさだ》らが、近年では池田温《いけだおん》を中心に研究や史料の解読がすすめられており、その蓄積は膨大なものがある。ここでは、これらの成果に頼りながら、漢文で書かれた俗文書を中心に敦煌の女性たちの生活を述べていきたい。

さて、敦煌文書の中に、「放妻書《ほうさいしょ》」と名付けられた一〇通の文書がある。そのうち五通は、敦煌文書を初めて世間に公表したスタインがイギリスに運び、ロンドンの大英図書館に納められた。また、残りの五通は、アジア諸言語に精通し、敦煌文書の中から選りすぐりの文書や絵画を持ち帰ったペリオによってパリの国立図書館に保存された。まず、この

「放妻書」を手がかりにして、敦煌の女たちについて考えよう。

「放妻書」を読む

「放妻書」のひとつを読んでみたい。漉《す》きむらの多い厚手の紙を継いだ巻物の、第一紙の中ほどから第二紙にかけてかなり達筆で書かれた、整理番号P三七三〇の文書である。文書番号の頭にSとついているものはスタイン文書、Pとあるのはペリオ文書、原文はもちろん漢文である。

某郷《ぼうごう》の百 姓《ひゃくしょう》誰某《だれぼう》の放妻書一通

夫婦というものは情深く義を重んじ、夫婦固《かた》めの盃《さかずき》を交わし、苦楽をともにするものである。夫婦が相対する様は、あたかも鴛鴦《おしどり》が連なって飛ぶのに似ており、膝《ひざ》を寄せ合い互いに顔を見合っている様子は、ふたつの徳が美しく並んだようである。互いに慈《いつく》しみあい、一心同体として暮らし、死んでからは、同じ墓穴の中で同じ棺桶《かんおけ》に眠る。前世で三年の縁があれば、今生で仲の良い夫婦になる。ところが前世に三年の憎しみあいがあると、今生で仇《かたき》同士となってしまう。今、ふたりが不仲になったのも、想うにこれは前世の家同士の怨念《おんねん》であろう。互いに反目しあって嫌悪感を生じ、来世まで憎しみあうこととなる。

このような悪縁によって添い遂げることはできないから、お前を離縁する。双方の親が立会い、夫と妻の財産を調べ書き上げる。

離婚した後は、お前は高い官職を兼任するような夫を選び、小路や庭先で夫婦仲睦まじい様子でいてください。縁を解いたからには、今後話しかけることもないでしょう。三年間の衣食費を差し上げます。あなたがいつまでも幸あらんことをお祈りします。

某年　某月　某日

一読して明らかなように、「放妻書」というのは離縁状《りえんじょう》のことである。ただ、夫の名も日時も「某」とあることから、この「放妻書」は、実際に使われたものではなく、書儀《しょぎ》という文書の書き方のお手本を示した文例集の中に例示されたものであることがわかる。敦煌に残された一〇通の「放妻書」のうち八通はこの書儀、残り二通も案《あん》（下書き）か控えであって、残念ながら実際に使われた文書ではない。

本状の内容を整理してみよう。

（一）事書《ことがき》……タイトルと夫の居住地と氏名。
（二）前文……理想の夫婦とは、偕老同穴《かいろうどうけつ》の契《ちぎ》りをした仲睦まじいものであると述べる。
（三）離婚理由……前世からの因縁《いんねん》によって夫婦が不仲となってしまった。
（四）離婚の宣告
（五）夫婦の財産処分について……親族立会いで調査する。
（六）妻の再婚許可……良い夫との再婚を願うこと。

（七）扶養料《ふようりよう》の取決め……今後三年間、妻の食費・被服費を夫が負担する。
（八）結び……日時。

他の「放妻書」も似たような内容が書かれているが、（五）の夫婦の財産や妻の持参財についての取り決めのあるものはもう一通のみ、（七）の扶養料に言及するのはもう二通だけであった。

敦煌の「放妻書」については、戦前、仁井田陞によって内容の一部が報告されている。当時の国情から仁井田のような大学者でも自身では文書を実見できず、パリに留学した那波利貞が書き写したもので研究をせざるをえなかったという。その後、仁井田はスタイン文書の写真によって新たな知見を追加報告している（『中国法制史研究　奴隷農奴法　家族村落法』東洋文化研究所　一九六二年）。また、現在敦煌研究の第一人者である池田温は「放妻書」の一例を訳文付で紹介し（「契」『講座敦煌　漢文文献』大東出版社　一九九二年）、中国でも楊際平らの研究が発表されているものの（『五―十世紀敦煌的家庭與家族関係』長沙、岳麓書社　一九九七年）、女性史の視点で「放妻書」を検討した研究はまだない状態である。

仁井田によれば、「放妻書」に限らず世界史的にみて離縁状には①離婚の宣言、②離婚理由、③妻の再婚許可文言の三要素が必ず書き込まれるものだという。確かに、他の九通の文書をみても、この三点は欠けることはない。仁井田の研究に若干の私見を交えながら、中国の離婚について少し詳しく述べてみたい。

中国の離婚と再婚

「放妻書」の中に一通だけ下書きに使われたらしい文書で、「開宝十年丁丑歳」の年号と「宰報雲」という夫の名がはいったものがある（P三五三六—V六　C四四二）。開宝一〇年は北宋の二代太宗《たいそう》の太平興国二年（九七七）に該当する。他の「放妻書」も紙質、筆の材質、貼り接《つ》がれた前後の文書の年代などから考えて、九世紀初めから一〇世紀後半にかけてのものだと考えられている。中国では唐末《とう》から五代十国《ごだいじっこく》を経て宋のはじめころ、日本では平安時代の前半にあたる。敦煌に限っていえば、吐蕃《とばん》の占領下を脱した帰義軍節度使《きぎぐんせつどし》の支配統治の時代のものということになる。

唐・宋時代の中国といえば、礼《れい》の国、儒教の国である。女性には「家にあっては父に従い、嫁《か》しては夫に従い、老いては子に従う」という三従《さんじゅう》の教えがあり、従順こそが女の美徳と称えられ、結婚すれば「貞女《ていじょ》は二夫《にふ》を更《なら》べず」（『史記《しき》』）と生涯ただひとりの男と契るのが当たり前である、とみなされていたのではないか。逆に男の側は「七出《しちしゅつ》」のことばがあるように、妻を勝手に放り出すことができ、明《みん》・清《しん》代の『金瓶梅《きんぺいばい》』や『紅楼夢《こうろうむ》』の主人公とまではいかなくても、一夫多妻の生活を楽しんだのではないか、このように考える人が多い。

ところが、敦煌の「放妻書」は、激しい夫婦喧嘩を繰り返し、夫を言い負かすほどの妻がいること、夫婦別れに際して双方の親族・近隣の人々が集まって話し合ったこと、妻になんらかの財産分与や扶養料が支払われたことを明らかにする。そして必ず妻の再婚を願う文言が含まれている。これはどういうことなのだろうか。敦煌という小さい街に、文例集としての「放妻書」が八通も残されていたことにも驚かされる。敦煌はいうにおよばず中国社会全体でも、儒教の教えに反して離婚や再婚が珍しいものではなかったと、考えたほうが実情にあっていたのではないだろうか。

唐の律令法によれば、離婚には、夫による追出し離婚「棄妻《きさい》」と国家による強制離婚「義絶《ぎぜつ》」、協議離婚を意味する「和離《わり》」の三種類がある。「棄妻」とは「七出三不去《しちしゅつさんふきょ》」（戸《こ》令《りょう》一二八条）、つまり、妻に子ができない、淫乱である、舅姑《しゅうとしゅうとめ》を大事にしない、おしゃべり、盗癖、焼餅《やきもち》焼き、悪い病気をもっている、の七つのうちいずれかひとつの理由があれば、夫は一方的に妻を追い出すことができるというものである。ただし、妻が舅姑の喪を勤め終えた、結婚後に身分が高くなった、帰るべき実家が無いという三つの理由がある場合は離婚を認めない（厳密にいえば、義絶《ぎぜつ》・淫泆《いんしつ》・悪疾《あくしつ》は三不去の適応外）。一般には、この条文をもって、夫が一方的な離婚権をもっている、家父長的社会の反映であると説かれることが多い。しかし、法律は夫の離婚権に「七出三不去」の条件をつけ、違反すれば罪とすることで、夫の身勝手な離婚にもしばりをかけ、むしろ妻の保護のために制定された条文であると考えたほうが立法の趣旨にあうと思われる。

「義絶」（戸令三一条）は、社会の基本となる家族、そして家族の出発点になる結婚に対して「礼」を求め、「礼」に反する夫婦を絶対に認めないという国家の意思を表明したものである。法律的には正しい手続きをとっていない結婚、つまり婚前交渉の結果の〝できちゃった〟結婚はもちろん、普通の恋愛結婚すら強制離婚の対象となる（戸令二七条）。夫婦が互いの尊属を暴行し殺傷した場合なども、家族道徳を乱し、両家の間がぎくしゃくするということで、国家権力の手で強制的に離婚させる。ただ、この条項に実効性があったかどうかは、日本はもちろん中国でも疑わしいと思われる。

ところが、「和離」については、戸婚律《ここんりつ》四一条に「和離」の語がみえるのみで法律では特に言及していない。しかし、同条によれば、妻（妾）が夫の承諾なしに勝手に婚家を出ると徒《ず》二年（徒は懲役刑のこと）、そのまま再婚すれば徒三年を科される。法的には妻側に離婚権がないどころか、これを重罪として扱うのである。協議離婚に際しては、夫の承諾を得ることが必須条件となる。

このような離婚条件をみていくと、圧倒的に妻の側に不利なようにも思われるが、実際には、双方の親族や近隣の長老の口利《くちき》きのもとに、妻と夫双方の言い分を聞き調停をした

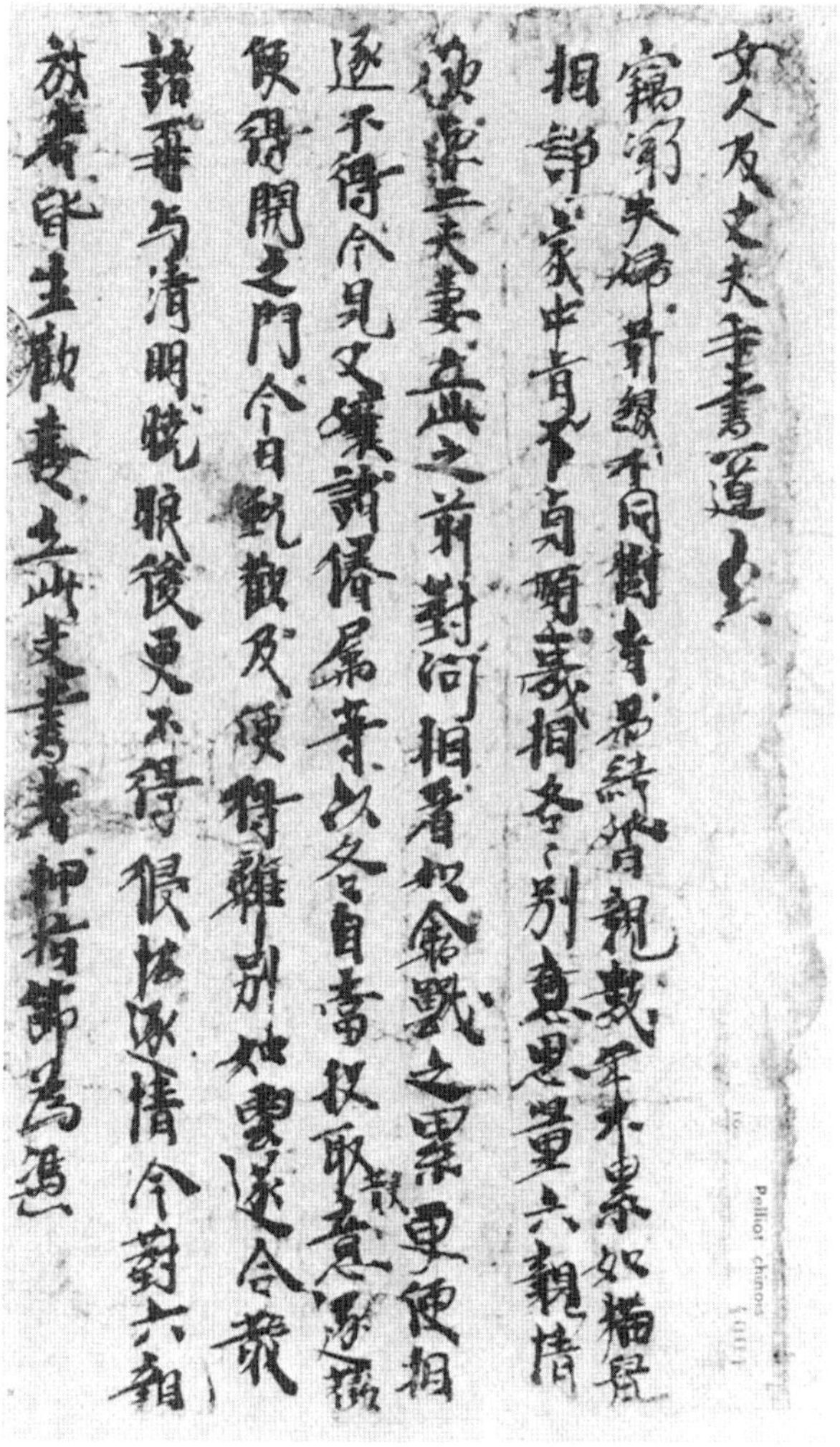

放妻書のモデル（P四〇〇一）

夫婦双方が手書を作り交換したこと、画指を印して離婚の証明としたことを示す、珍しい放妻書である。

（釈文）女人及丈夫手書一通「押」／窃聞夫婦前縁不同樹者易結婚親数年不累如猫鼠／相諍家中肯不貞順夷相各々別意思量
六親情／歓要二夫妻立此之前対問相看如禽獣之累更便相／逐不得今見父嬢諸僧属等以各自当投取散意逐歓／便得開之門
今日軌歓及便得離別如雲遂合散／諸再与清明暁眼後更不得侵恡逐情今対六親／放者皆生歓喜立此文書者押指節為憑「押」

のである。協議離婚はごく一般的なことであり、面倒でもなかった。

離婚原因についても、「放妻書」の一通だけは妻が家長や夫を敬わず、夫の親族に仕えないことをあげ、妻側に離婚原因があるように書かれている。それでも、「七出」の語は出てこない。残り九通は、「前世の因縁」によるといい、夫婦いずれをも傷つけないように配慮されている。前世の因縁によって夫婦仲が悪くなれば、「夫が一言いえば、妻は十口言い返し」、「夫は棒切れを振りまわして」、「猫と鼠や虎と狼を一緒にするように」無理が生じ、「家は貧しくなり」、「親類・ご近所との仲も悪くなる」。「覆水盆《ふくすいぼん》にかえらず」の喩《たと》えもある。そこで双方の親族や村の古老が話し合って離婚を決めたと、一〇通すべてが協議離婚の形式をとるのである。

夫婦の財産分与や妻の持参財の返還についても話し合い、「三年の衣粮、便《すなわ》ち薬儀を献ず」とか「妻の三年の柴飯《さいはん》が遍《あま》ねからざれば、夫は六載の食粮を休めよ」と、おおむね三年間は夫側が妻の食費・被服費・医薬品代・光熱費などを負担し、妻が生活費に困るようであれば、夫は六年間食費を削れとまでいうのである。また離婚後は妻の身辺に近づかないと誓約するもの、夫がよい後妻に恵まれれば、妻もまたよい再婚相手をもつことができるだろうなどの文もみられる。身分が高く金持ちの再婚相手をみつけ、末永く琴瑟相和《きんしつあいわ》するように願う、というのが再婚許可の文言となる。「放妻書」という書名からは、夫が一方的に妻を追い出す離縁状と考えがちだが、内容はなかなか妻への配慮が行き届いたものになっている。敦煌社会において妻の立場が相当に強いものであったことがうかがわれる。

江戸の三くだり半と届出離婚

このような「放妻書」の性格から、だれでも日本の近世の離縁状、いわゆる「三《み》くだり半《はん》」を連想するに違いない。「三くだり半」については、まず穂積重遠《ほづみしげとお》が、古代のユダヤ民族から存在し、再婚許可文句が大切であったことを指摘したものの、「三くだり半」の有名な文言「我等勝手《われらかって》に付き」は、夫の自由気ままな意思で離婚できるという意味での無因離婚であると述べた。江戸時代の離婚については、夫の側にだけ離婚権があり、離婚の同意が得られない妻は、鎌倉の東慶寺《とうけいじ》や上州《じょうしゅう》の満徳寺《まんとくじ》といった駆込《かけこ》み寺へ逃げ込んで、ようやく離婚ができたということが強調されてきたのである（穂積重遠『離婚制度の研究』改造社　一九三八年）。

これに対して、高木侃《ただし》が精力的に三くだり半を採集・分析し、その結果、江戸時代の離婚は実際には熟談離縁《じゅくだんりえん》（協議離婚）が大半であったという結論を出した。「我等勝手に付き」の文言の解釈は、離婚理由が夫にあること、つまり妻に落ち度がないことを述べているのであり、離婚を証明し、「向後何方《こうごいずかた》へ縁付候《えんづきそうろう》とも」と妻側の再婚の自由を保障するために必要な文書であったこと、原則として夫から妻に渡された文書であったことなどを明らかにした（高木侃『三くだり半―江戸の離婚と女性たち―』平凡社選書　一九八七年）。

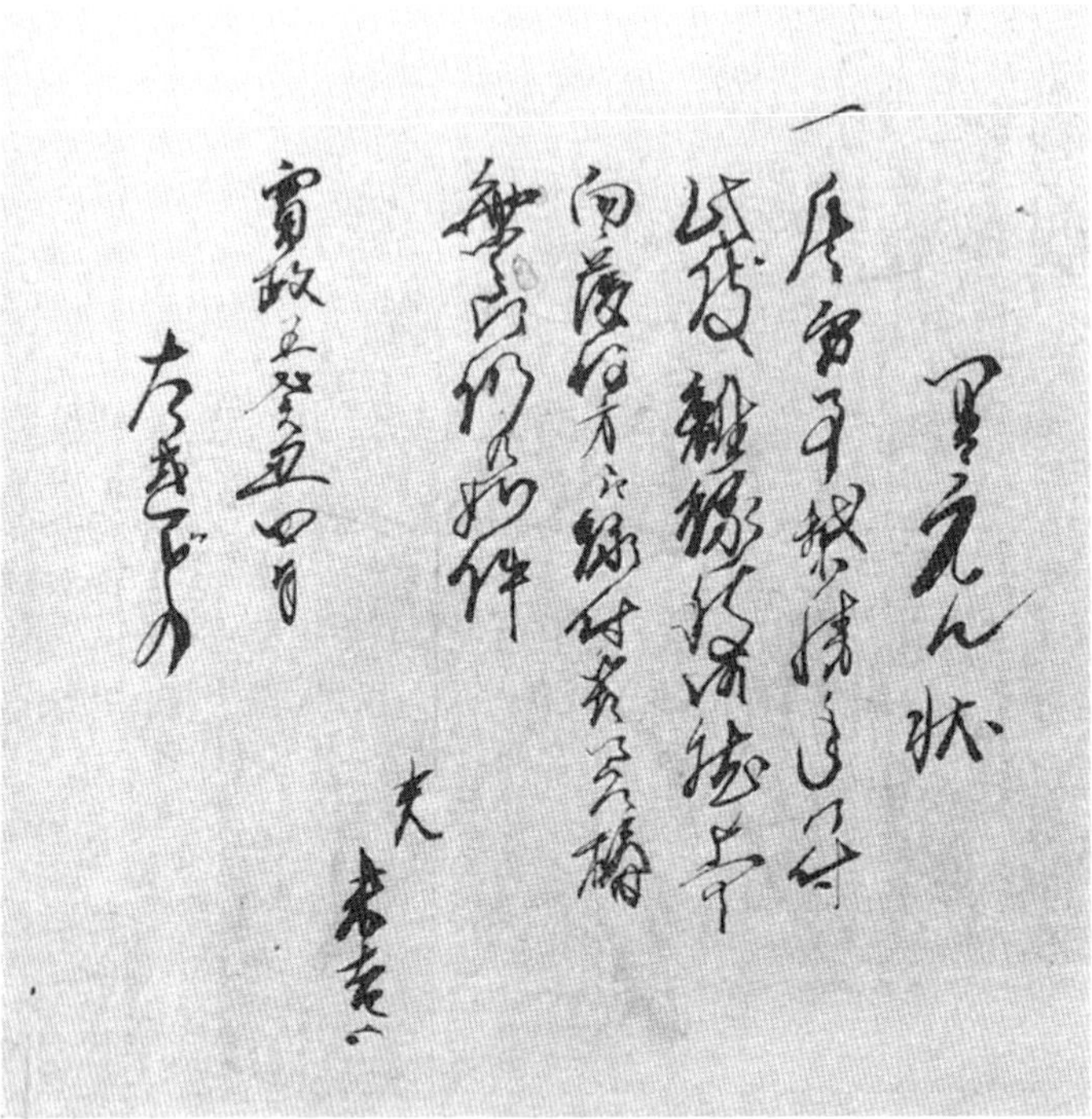

江戸時代の三くだり半（寛政五年、高木侃所蔵）

里えん状

一其方事、我等勝手に付、
此度離縁致候、然上は
向後何方え縁付候共、差構
無之候、仍て如件

夫
末吉（爪印）

寛政五癸丑四月

たけどの

江戸時代の「三くだり半」は再婚許可の必要に加えて、宗門人別帳《しゅうもんにんべつちょう》への書き換えに必要な書類でもあった。江戸時代にはすべての人々が宗旨《しゅうし》を明らかにし、檀那寺《だんなでら》に寺請《てらうけ》してもらって、戸別に戸主《こしゅ》・家族・年齢などを宗門人別帳に記載してもらわなければならなかった。離婚して婚家を離れた妻は、新しい住居先で、この離縁状を添えて人別帳の書き換えを願い出ることを義務付けられたのである。現代のわれわれが、結婚のときも離婚のときも役所に届け出て、戸籍や住民票の台帳を書き換えてもらわなければならないのとまったく同じ制度が、江戸時代には完成されていた。

古代の結婚は届出婚？

では、敦煌の「放妻書」も役所へ届けるための書類なのだろうか。まず、敦煌の「放妻書」は三行半どころか、漢字だけで一〇行から二〇行以上におよぶ長文である。さすが漢字の国と感嘆する。

ところで、現存する「放妻書」はいずれも宛所《あてどころ》が記される形式を取らないため、誰に渡された文書か検討する必要がある。というのは、戸令二八条に「皆夫手書《みなおつとてふみ》して棄てよ。尊属・近親と同じく署せよ。若《も》し書解《しょし》らずは、指を画《か》いて記とすることを為《せ》よ」と、離婚のときは夫が「手書」を作成しなければならないとしているからである。この手書は敦煌の「放妻書」S六五三七、P四〇〇一にもみえることばで、「放妻書」を示している。そして、この手書について、石井良助は、「棄妻するときは、役所に届け出て、女を夫の戸籍から抜くことになっていた」、「律令時代には戸籍というものが整備しておりましたから、離婚する場合には、夫の方から、手書きすなわち自筆の離婚届を役所に出す定めだった」と述べ、律令国家の結婚・離婚は戸籍制度に基づく届出婚（法律婚）であるとの解釈を示した（石井良助『日本婚姻法史』一九六五年）。滝川政次郎も著書で同様な見解を簡単に述べており、高木も事典項目（比較家族史学会編『事典　家族』弘文堂　一九九六年）で同様の解説をしている。

三者とも根拠は明らかではないものの、戸令二八条から、棄妻するときは夫の手書に夫方妻方双方の親族が連署して役所に届けたと解釈したのであろう。

確かに、『令集解《りょうのしゅうげ》』（養老令《ようろうりょう》の注釈書）の中で、古記《こき》（大宝令《たいほうりょう》の注釈書）や穴記《あなき》（穴穂部《あなほべ》氏出身の法学者の解釈）という注釈書は、手書は里長《りちょう》（官司）に送り計帳や戸籍の作成時に除附するためのものであるとしている。古記や穴記の説に従えば、古代の離婚、さらに結婚は届出婚であったということになる。仁井田はこの史料を紹介するものの、「放妻書」の発行目的に官司への届出があるかどうかには触れていない。これは『律令』（日本思想大系　岩波書店　一九七六年）の頭注・補注も同様である。

次の「奈良時代の家族と婚姻」の章で詳しく述べるように、恋愛からはじまり、男が女のもとへ通う期間を経て同居に至る、結婚の時期も離婚の有無も明確ではないという、婚姻実態と律令法とがまったく乖離《かいり》していた古代の日本はさておいて、中国社会では結婚に届出を必要としていた可能性を一概には否定できない。しかし、律令の条文を読んでみると、婚姻届・離婚届・出生届・死亡届などに関する条文はまったく見当たらない。計帳作成時に戸主が戸口《ここう》の実情を記した手実《しゅじつ》を提出する規定（戸令一八条）から、官司は籍帳作成の際に戸口の実態を確認することができ、それに従って徴税をおこない、六年ごとの戸籍作成時の訂正をおこなうことが可能であった。人民の支配にはその程度で十分であって、常時戸口の身分移動を届けさせる行政体制ではなかったと考えられる。

そもそも結婚は当事者とその家族の私的契約にすぎない。中国社会では、「礼」の範囲に属すものであった。法律は「礼」をはずれたものを罰することはあっても、積極的に干渉するものではなかったようである。「放妻書」を読めばその内容や文体が役所への書類として適当な文章ではないことは明らかである。

このような「放妻書」の文例が一〇通も残されていたことは、敦煌社会で離婚・再婚が珍しいものではなかったことを示すだろう。文字の書けない人も多かった時代、「放妻書」は寺院の僧侶などが文例を参考にしながら代筆した。夫と関係者は、署名の代わりに人差し指の関節の位置に墨をうつ画指《かくし》をつけて、妻に渡した。妻はこの「放妻書」を手にして、新たに自分にふさわしい配偶者をみつけ再婚した。妻は夫にひたすら仕え、離婚を恥とし、「貞女は二夫《にふ》にまみえず」といった儒教的、家父長的家族観で中国社会をみることは、江戸の女がか弱い哀れな存在だったというのと同様改めなくてはならないだろう。

敦煌文書から女性の暮らしを読み解く

ウイグルの花嫁

漢民族王朝の最前線ともいえる敦煌《とんこう》は、しばしばウイグル民族やチベット民族から攻撃されてきた。唐の時代、安史《あんし》の乱（七五五〜七六三）の後に敦煌はチベット系の吐蕃《とばん》に占領されたが、唐末には漢人の張《ちょう》議《ぎ》潮《ちょう》が吐蕃を駆《く》逐《ちく》して、帰義軍節度使《きぎぐんせつどし》に任命された。その後、張氏の子孫、ついで曹《そう》氏による支配が一一世紀前半西夏《せいか》に征服されるまで続いた。帰義軍節度使を務めた張氏や曹氏は周辺民族との融和のために、一族の娘を周辺民族に嫁がせたり、息子に周辺民族から嫁を迎えたりする婚姻政策をとった。

曹元忠《そうげんちゅう》によって開かれたとされる石窟《せっくつ》（第六一窟）の壁画をみてみよう。この窟に描かれるのは五二人の供養者の女性で、すべて元忠の関係者である。森安孝夫は、銘文と描か

敦煌第61窟壁画（東壁南側腰壁と南壁腰壁）

敦煌第六一窟にみる、婚姻関係図

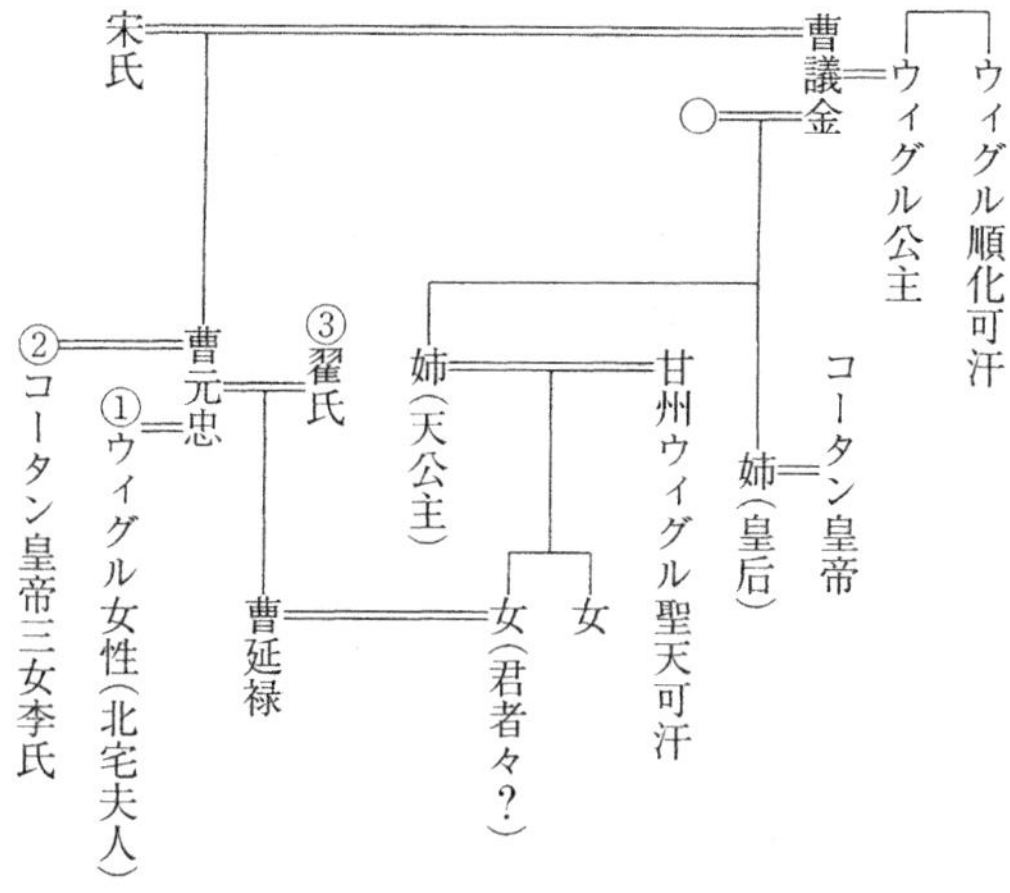

れた位置、図像の大きさ、衣服によって元忠と女性たちとの関係を明らかにした。森安の考察をもとに系図を表してみると、その複雑な政略結婚の詳細がわかる。曹氏は親子三代にわたってウイグル人、コータン人そして漢人の妻をもっていたことになる（「ウイグルと敦煌」『講座敦煌3　敦煌の社会』大東出版社　一九八〇年）。

さて、曹氏の妻のひとりは維吾爾《ウイグル》の王女で名を君者者《クンシャシャ》といった。曹氏に嫁いだ王女は時に里帰りをすることもあったようである。王女は、姑《しゅうとめ》にあたる北宅夫人に宛てて、旅の安全祈願のために祆《けん》寺（ゾロアスター教の寺院）への献灯を願う手紙を残している。本人が書いたものかどうか、敦煌には珍しい美しい筆跡の一紙が残る。北宅夫人の通称から考えて、この姑が正妻として認められていたことは確実である。また、ゾロアスター教の信者ということは、漢人ではない可能性が高い。北宅夫人の候補としては、先の洞窟壁画で優位に置かれていた曹議金の妻でウィグル順化可汗《じゅんかかがん》の姉か、元忠の妻と推測されるウィグル服を着た女性が考えられる。嫁姑の親密な間柄からみて、姑は元忠の妻、君者者《クンシャシャ》は元忠の姉がウィグル可汗に嫁いで生まれた娘で、元忠の息子延禄《えんろく》の妻になった王女とみるのは想像がすぎるであろうか。

政略結婚によって慣れない土地に嫁いだ王女は、宗教も習慣も異なる漢民族との結婚生活に戸惑いながらも、同じウィグル出身の姑に支えられ新しい家族を作っていったと思われる。

女たちの結社

支配階級の女性たちは、石窟の壁画に残されたように、敦煌に集まる財力を背景に中原《ちゅうげん》の貴族に劣らない生活を楽しんだ。一方、庶民の女たちの生活はどのようであったのだろうか。

敦煌オアシスに住む男たちは、同じ街区に住む者同士で作る「社《しゃ》」や、同業者や同好のグループ、信仰で結ばれた講《こう》など、何種類もの「社」を組織していた。女たちもまた、身分や職業に応じて女人社《にょにんしゃ》とよばれるグループ結社を組織した。女人社は春秋二回の宴会を開いてメンバーの親睦をはかり、葬式や婚礼のときには酒や食料を持ち寄り、労働力を提供する相互扶助の組合であり、また、造寺造仏や社寺の修復などのために金品を積み立てることもおこなった。

女人社には社条という会則があり、新規に入会する者は、社に入会願いを提出して審査を受け、社条を守ることを条件に入会が許された。顕徳六年（九五九）正月三日付の女人社社条（S〇五二七）をみてみよう。

この社条は男子の社を想定して作成された書儀（S六五三七v）を手本にして作成されたものである。文例にある「大者如兄、少者如弟」の兄弟を姉妹に変えて、年長者を姉のように年少者は妹のように振舞うこと、女人社らしくメンバーの家の葬儀にあたっては酒食の調理をおこなうべきという条項が加えられた。社条違反者への罰則については、強い酒に代えて弱い酒の提供を命じ、決杖（細い棒でたたく罰）の数を三〇から三に減らすなどの手直しをしている。

戊辰正月二四日の日付（八四八か九〇八年）がある文書（P三四八九）の女人社は旌坊巷《せいぼうこう》という地域に住む女たちの結社である。メンバーは一二人、うち二人は一三、一四歳くらいの少女であった。この社の一番の目的は社員の誰かが亡くなったときに、回覧板をまわして、各自が麪《むぎこ》一斗を持ち寄って葬式を援助することである。遅れた者や参加しない者には罰酒の提供を課し、約束を破った者は酒宴の席を設けること、ただし未成年者は羊肉と酒一甕《かめ》の提供とするなどの規則をつくった。書記と使い走りには少女二人があたり、社員はみな対等である。社長・社官・録事などの役職をつくりたがる男たちの社とはやや趣を異にしている。

かつて那波利貞は、この社のメンバーが氏名をもたないことから、婢《ひ》、つまり、敦煌のある町の家々で雇われ、家の中で掃除や洗濯、水汲みなどをする下女たちの組合であると論じた。支えてくれる家族ももたず、帰る先もない女たちにとって、自分の葬式はどうなるのか、切実な問題であったろう。彼女たちは女人社を結成し、わずかな額を持ち寄ることで、日々の慰めばかりでなく、死後の弔いまで面倒見てくれる仲間の結社を作ったことになる。

残念ながら近年この説は否定されている。社員になることは仲間を作ることになる反面、お金もかかる。没落した家族の中には、詫び状のような退社願いを書いて仲間からはずれざるを得ない者もいた。婢身分の女性たちでは社を維持できそうもない。敦煌の街中に住む裕福な家の女房たちの社であったに違いないというのである。

今でも日本各地の自治会には婦人部があって、婦人部の一番大事な役割は通夜・葬式の手伝いという地域は多いと思われる。当番の女性たちは白いエプロンを持参して、精進《しょうじん》の煮物を作ったり、お酒の燗《かん》をつけたりと忙しく働く。春の花見会や秋の祭りに料理を持ち寄ったり、氏神さまの社殿修理の寄付集めに回ったりするのも婦人部の仕事とされている。敦煌の女たちも、地域自治の活動で重要な役割を担っていたのである。

次は唐末に張承奉《ちょうしょうほう》（敦煌を独立国として神武王と名乗った）の勅《ちょく》として出された文書（S一五六三）である。

甲戌年（九一四）五月一四日

随軍参謀《ずいぐんさんぼう》伝嗣の女《むすめ》自意《じい》は容姿美しく、しとやかな女性である。彼女の仏教への思慕は、まるで蜂が花の蜜《みつ》を慕うようである。大斎会《だいさいえ》に際し、彼女の願いをいれて出家を許す。

尼寺の生活

敦煌には数多くの寺院があり、僧《そう》だけでなく、尼僧《にそう》も数多くいた。律令制度下では、僧尼や道士《どうし》・女道士《おんなどうし》になるには国家の許可が必要であったから、出家《しゅっけ》を望むものは願書を官司に出して度牒《どちょう》という許可書をもらわなければならなかった。しかし、唐王朝にかげりがみえてくると、国は新しい財源獲得のために「納銭度僧《のうせんどそう》」の制をもうけた。いくばくかの銭を支払えば出家得度《とくど》が許されることとなった。特に、敦煌の支配者である歴代節度使の追善《ついぜん》などの法要にあわせて、大量の得度者を許可した。随軍参謀という要職にある父をもつ自意という娘にとって、支払う金銭の多寡《たか》は問題にはならなかったとおもわれる。自意が出家した年齢はわからない。八世紀なかばに写告牒銭《しゃこくちょうせん》を納めて出家した羅法光《らほうこう》は一九歳、清泰五年（九三八）に出家した百姓の女張勝蓮《むすめちょうしょうれん》は一一歳であった。

僧尼となるためには、髪を剃らない修行時代を経て、得度して頭もまるめて沙弥《しゃみ》・沙弥《しゃみ》尼《に》となり、さらなる厳しい修行の後に戒《かい》を受けなければならない。受戒の儀式を経てようやく比《び》丘《く》・比《び》丘《く》尼《に》と呼ばれる正式な僧尼となった。受戒の儀式は敦煌の寺・尼寺の僧尼を一ヵ所に集めておこなわれた。大暦一五年（七八〇）正月三〇日、普光寺《ふこうじ》の沙弥尼《しゃみに》妙徳《みょうとく》が霊図寺《れいとじ》にて菩薩戒《ぼさつかい》を授けられた。妙徳はこのときの戒牒を自ら書写して、伝戒法師《でんかいほうし》智広《ちこう》のサインをもらい、いつも手にもって十戒の暗誦《あんしょう》を繰り返して、斎日《さいにち》の試験に備えた。試験日に暗誦できないと七人分の食事を提供する罰がまっていたという（S二八五一）。彼女は受戒後四〇年から五〇年は生存したことが確実で、普光寺の長老格になっている。

八世紀中ごろの史料によれば、敦煌には僧が一四九人、尼僧が一七一人いた（S二七二九　辰年牌子歴《はいしれき》）。男僧の数より尼僧のほうが多い。大乗寺《だいじようじ》という尼寺には九世紀はじめで六二人、普光寺では一二七人もの尼僧が暮らしていた（P五五七九―一一　酉年大乗寺牒《ちょう》）。尼寺での席次《せきじ》は年齢順で、上席は六〇代で占められている。尼寺の経営には互選で選ばれた寺主《じしゅ》・都維那《ついな》・典坐《てんぞ》・直歳《しっすい》などの寺職があたった。寺職の実務は多忙で、法会《ほうえ》や日々の仏事の庶務、尼僧の指導、麦や粟の出挙《すいこ》、経費の帳簿付け、各種書類の作成などにあけくれた。三綱《さんごう》全員が体調不全で寺務が滞るからと、辞任を申し入れた文書も残されているくらいである（P三七五三）。

老齢の尼僧にとっても死後のことは気がかりであったようである。咸通六年（八六五）一〇月、尼霊恵《れいけい》は急病にかかった。病の重いことをさとった霊恵は遺言状をしたためた。彼女の財産は実家で生まれた威娘《いじょう》という婢があるきりであった。霊恵はこの婢を姪の潘《はん》娘《じょう》に与える代わりに、自分の葬式をあげてもらうことを頼んだ。遺言状は自分の死後、他の親族が約束を違えて婢を奪わないようにするためで、弟・母方の姪・甥・役人などを立会いとした。遺言書には四人だけが署名しているが、三人の甥は自筆のサイン、母方の姪は画指《かくし》である（竺沙雅章「寺院文書」・池田温「契」『講座敦煌5　敦煌漢文文献』大東出版社一九九二年）。

出挙銭を借りるおんな

現在の新疆《しんきょう》ウィグル自治区の亀茲《きじ》から出土した文書が、大谷《おおたに》探検隊によって日本にもたらされ、現在龍谷《りゅうこく》大学図書館に保管されている。その中に一通の借用借文がある。

大暦十六年（七八一）三月二十日、楊三娘《ようさんじょう》は銭が必要なために、薬方邑《やくほうむら》で銭壱千文を借りた。

毎月弐百文ずつ返却し、六ヵ月で元利ともに完済する。

銭を受け取った後に、いずことなく逃げ去ったならば、保証人に代わりに返還させる。

その銭は、斎《とき》ごとに前納する。もし違約すればその銭は倍返しとする。

人の信用できないことを恐れ、ともに対面して公平を期し、画指して記録とする。

借用人　楊三娘　年四十五　画指

保証人　僧幽通　年五十七「幽」画指

楊三娘という女性が一〇〇〇文の銭を借金して、半年で二割分の利息をつけて返すとい

という借用証文である。

現在整理済みの西域《さいいき》出土文書の中で、女性が単独で借金の主体になっているものはこれだけである。他には、大暦一〇年代（七七五〜七七九）の于闐《うてん》出土文書で、許十四《きょじゅうし》という二六歳の女性が八歳の息子と連名で五〇〇文を借りた例があるだけである。女性が主となって借金をするのは非常に珍しいことであったのだろう。もっとも、男性が借金の主となる借用書に、母が息子の、妻が夫の、娘が父親の借金に連帯借用人として名を連ねることはよくある。四五歳になった楊三娘には夫も子どももいなかったに違いない。幽通という僧侶は彼女の兄だろうか。彼女がなんのために一〇〇〇文の金を必要としたのかはわからないが、このころの一〇〇〇文は、絹ならば二疋《ひき》、粟なら三石《こく》以上が買える金額で、庶民にとってはなかなかの大金であった。

男性が売買・貸借の当事者のように文中に記してあっても、実際には女性が当事者だと考えられる文書もある。宋淳化二年（九九一）一一月、韓願定《かんがんてい》という役人が、家で働く二

八歳の婢《はしため》を、朱願松《しゅがんしょう》という百姓に熟絹《じゅくけん》（やわらかな絹）五疋で売り渡す契約を交わした（S一九四六）。契約書の文中では男同士が婢の売買をする形をとっている。しかし、文末の契約者の筆頭《ひっとう》は売られる婢の名前、続いて婢の女主人として願定の妻七娘子《しちじょうし》の名が書かれ、願定自身の名は妻の次になっている。買う側についても文中で「朱願松妻男」と記されているから、この婢の売買の本当の当事者は双方の家の女たちだったといえるかもしれない。また、田畑や果樹園を所有して、これを一年契約で貸し出す女性もおり、このような契約書も数多く残されている。

家父長的な中国社会では、家族内に家父つまり夫や成人した息子、父親がいれば、契約書の当事者には男性名を書き、女性は連帯人という形で契約に参加する。ただ、寡婦《かふ》や尼については例外として女性でも契約の当事者となることができた。契約の履行《りこう》においては連帯人であろうとも、女たちも責任を負う。

ところで、契約の連帯人にはならない場合でも、違約した場合には妻子を提供して償わせるという文言を借用証文に書き入れることが多い。妻子は質草《しちぐさ》の代わりである。もっとも、良人《りょうじん》の妻子の場合は、借金の形《かた》として貸主に差し出され、あげくに奴婢《ぬひ》に落とされるようなことは現実にはなかった。良人を奴婢として売ることは法律で禁止される行為であったからである。

このような契約の形式は、日本でも同じようなことがいえる。屋敷地の売買にあたって、券文《けんもん》（権利書）は女性が所有している場合でも、相売人、相買人として男性名が記されていることは多いし、奈良時代から質物として家・屋敷地・口分田《くぶんでん》のほかに妻子を差し出すと書くのが借用書の決まり文句として用いられている。

では、女性が単独で契約の当事者になれないのは、女性の社会的地位が低いからだと決めつけてよいのだろうか。仁井田陞は、ローマ法では女性が債務を負ったり第三者の保証人になったりすることはまったくできないといい、女性がこのような契約に参加できることは「女子の支那法律史上の地位を知る一端ともなり得ると思ふ」と指摘している。

中国の結婚と家族

四世同堂の家

北京生まれの老舎《ろうしゃ》の代表作に『四世同堂《しせいどうどう》』という長編がある。日本占領下の北京の胡同《フートン》に住む四世代同居の大家族が、時代の流れの中で支えあいながら次第に離散してしまうという近代小説である。中国では三世代・四世代にわたる父系の血縁が同じ家に住み、財産は家族員で共有とする「同居共財」の家が、理想的な家族と考えられてきた。子どもたちが成人して結婚し新たな家族を作っても、別の場所に住むことはしない。敷地内の別棟に住む子どもたちは朝夕父母のもとへ行って父母の食事の世話をし、その後で自分たちも食事をする。子どものひとりが官吏《かんり》となって都《みやこ》に登ったり、商業に従事して他郷で暮らしたりする場合でも、収入の相当部分を郷里の家長のもとへ送る。

唐《とう》律では、祖父母・父母の在世中はもちろん、喪に服しているべき期間（父母の場合は一年間）に分家《ぶんけ》したり家産を分割したりすることは犯罪として罰せられる。家長がなくなった後でも、家族員に異論がなければ共財状態は続く。しかし、兄弟がそれぞれ家族をもち、生活のスタイルが異なってくると、兄弟は財産を分割してそれぞれが新たに独立した家族をつくる。このとき、長男と次男以下、正妻の子と妾の子との間に差別はなく、ほぼ均等に分けられることになる。四世同堂は、理想ではあっても現実の家族は世代交代によって分裂していく。

中国の家族については、古い時代ほど大家族の形態をとり、時代が進むにつれて小家族が支配的になるという考え方が一般的であった。しかし『漢書《かんじょ》』地理志《ちりし》に伝えられる郡国別の戸口統計の分析や、一九六〇～七〇年代に発掘された陝西省《せんせいしょう》の姜寨《きょうさい》の新石器時代の住居址《あと》の大きさ、敦煌文書の戸籍や差科簿《さかぼ》（徭役《ようえき》の割当て台帳）などから、古代の家族は数人程度、敦煌でも大半は単婚家族に分解しきれない一〇人以内の父系の戸が半数近くを占めることが明らかになってきた（牧野巽『中国家族研究』上　御茶ノ水書房　一九七九年。飯尾秀幸「中国古代の家族研究をめぐる諸課題」『歴史評論』四二八号　一九八五年）。池田温は、律令法の規定に沿って別籍異財を避けたために、大家族の形態をとってきたのかもしれないという。

儀礼書にみる婚礼

中国の婚姻儀礼については、戦国時代の『儀礼《ぎらい》』士昏礼《しこんれい》の章や漢代の『礼記《らいき》』昏儀の章など、いくつかの儀礼書に詳しく記されている。敦煌文書の時代に近い『大唐開元礼《だいとうかいげんれい》』を参考にして、中国の婚礼をみていきたい。『大唐開元礼』では、嘉礼として皇帝、皇太子、親王、公主《こうしゅ》の降嫁《こうか》、三品《ぽん》以上の品階をもつ役人・貴族、四品五品の中流役人、六品以下の中・下流役人から庶人までと七つの身分ごとに婚礼の細則を分けている。身分によって服装、備品の材質、結納《ゆいのう》の品などが異なったり、儀式の場所を廟《びょう》とするか正殿《せいでん》にするかなどの違いはあるものの、基本の儀礼はまったく同じであるから、庶民にも通用する六品以下の巻を参考にする。

婚姻儀礼の中心は「六礼《りくれい》」と呼ばれる六種の儀式がある。

(一) 納采《のうさい》……まず仲人《なこうど》(媒人《ばいにん》)が、女の家に書面で通知した上で、男の家の使者が女の家に行き、娘を嫁に迎えたいと告げる。古くは采択《さいたく》の礼として鴈《がん》を贈ったことから、鴈受《がんじゅ》のことばが用いられる。

(二) 問名《もんみょう》……使者が娘の母親の出自《しゅつじ》(姓氏)を問い、答えを得た後に、酒宴を受ける。

(三) 納吉《のうきつ》……男家の祖廟《そびょう》において、結婚の吉凶を卜《ぼく》す。使者はその結果が吉であったことを女家に報告する。

(四) 納徴《のうちょう》……男家から女家へ使者を派遣して、結納の品を納める。六品以下の結納の品は鹿皮と玄纁《げんくん》（黒と白の糸）の束である。結納の授受によって婚約が成立したことになる。

（五）請期《せいき》……男家より女家へ婚礼の日を問い合わせる。

（六）親迎《しんげい》……花婿が女の家に行き花嫁を家に連れて帰る。

花婿はまず自分の父親から、嫁を迎え父系継承を守るようにとの訓辞を受け、昏時《たそがれ》になってから、花婿は青い帳《とばり》をかけた牛車《ぎっしゃ》に乗って花嫁の家に向かう。花婿は花嫁の父に挨拶をし、跪《ひざまず》いて持参してきた鴈を置く。鴈は従順な性格であるため婦人のシンボルとされるといわれている。婿は花嫁の父母に挨拶をして、女を車に乗せて家に帰る。婿の家で供《そな》え物の肉を食べ、瓢《ひさご》をあわせて酒を少々飲む。これが成婚の儀式となる。このときふたつの瓢は五色の長い縄でつながれ、美しく着飾った子どもが、花嫁と花婿に捧げるのだと、敦煌で発見された婚礼作法書には書かれている。この後、介添人は去り、初夜を迎える。婚礼の六礼は以上のようになる。しかし、六礼で婚姻儀礼が終了したわけではない。花嫁が花婿の家に入って二日目、「見舅姑《けんきゆうこ》」「盥饋《かんき》」の儀式がおこなわれる。花嫁は夫の付き添いなしで、舅姑に挨拶にいき、その後酒と食事を共にしなければならない。舅姑に認められてはじめて、夫の家の「婦《よめ》」となることができるのである。さらに「婚会」「婦人礼会」「饗丈夫送者」「饗婦人送者」と、近親者を招き男女別に宴会をおこなって、結婚の成立を披露する。こうしてようやく婚礼は終わる。

六礼の(一)から(五)まではすべて両家の父親によって主催される。律令で結婚の責任者・統括者とされる「主婚《しゅこん》」が、結婚の当事者ではなく、両家の父親であるというのは、まさにここに表されている。結婚は息子をもつ家の家長と娘をもつ家の家長との間で進められるのであって、結婚して夫婦となる若い男女の意思は問題とされない。両家の間をとりもつのが媒人（仲人）である。媒人は、家柄・年齢などの釣り合いが取れた独身男女を双方の家長に紹介し、双方の家長が合意すれば婚礼の準備にかかる。儀礼どおりであれば、花婿と花嫁が互いの顔を見る機会は、(六)段階の花嫁を車に乗せるときで、さらに花嫁が舅姑に会うのは結婚の翌日である。中国儀礼による結婚とは、夫と妻の結びつきではなく、舅姑が家にひとりのヨメを取ることを意味する（陳東原　後藤朝太郎訳『支那女性生活史』大東出版社　一九四〇年）。

現代の若者が聞けば信じられないことだというに違いない。しかし、今でも結婚披露宴の招待状を裏返せば、差出人が新郎新婦の父親名であったり、披露宴会場の看板に「〇〇家・△△家ご披露宴会場」と書かれていたりすることはよく経験する。恋愛結婚が大きな割合を占める現代の日本でも、結婚式には旧民法の「家」が顔を出すのである。戦前にはお見合いも形ばかりで、相手を十分知ることもなく結婚したという話はよくあった。

同姓不婚

ところで、「同姓不婚」という言葉があるように、中国では始祖《しそ》を同じくする氏族、つまり同じ姓をもつ父系の一族との結婚は決して認められない、氏族外婚制という婚姻規制が根付いていた。同姓の男女の結婚は清代まで罪とされたし、韓国ほど強くはないものの近年まで社会から忌避《きひ》されてきた。ただ、氏族外婚制という婚姻規制は、父系に限るものであって、母系の親族との結婚は禁止されない。また、古代では母系親族との結婚は好まれていたが、唐代では世代を異にする母系親族との結婚（おばの世代とおいの世代の結婚など）は禁止された。寡婦《かふ》になった義母を息子が、兄嫁を弟が娶《めと》ることも夷狄《いてき》の風として避けられた。逆に、支配階級では姉妹や従姉妹を同時に娶ることが好まれた。漢民族の基本的な結婚の習俗は以上のようなものであるが、婚姻規制も時代によって少しずつ変化するし、地方によっても違いは多い。

ヨメの役割

さて、婿の家に入った花嫁の仕事は、三日目には手を洗って台所に入り羹《かん》湯《とう》（スープ）をつくることからはじまる。婚家の味に慣れるまでは小姑《こじゅうとめ》に味見をしてもらい、姑の好みを確かめなくてはならない。毎日、五更《ごこう》（午前三時）の鶏の鳴き声と共に起き、身支度を整えて台所に行く。鍋や釜を磨き洗い、湯を沸かす、蔬菜《そさい》の煮炊き、味噌や調味料の調合などの調理をおこなう。テーブルに碗と皿を揃え、舅姑に朝晩の食事を供する。

食事の合間には、針仕事と機織《はたおり》がまっている。桑《くわ》を摘《つ》み、蚕《かいこ》を飼って繭《まゆ》を煮て絹糸を引く。麻や苧《からむし》を育て、茎を刈り皮を剝《は》いで繊維とし、これを糸縒車《いとよりぐるま》にかけて麻糸にする。これらの絹糸・麻糸を染め上げて水で晒《さら》す。染め上げた糸を機織するのも衣服に仕立てるのも女の仕事である。余裕のある家では、刺繡や縫取《ぬいと》りなどさらに手をかけた布帛《ふはく》をつくるし、一般の家では古着の洗濯、ツギ当て、繕い物など衣服に関する仕事はきりがない。『女論語』は、この織物製作や縫い仕事の上手《じょうず》・下手《へた》がヨメの評価を決めるもっとも重要な家事労働であるという。布帛は丁男《ていだん》の調庸《ちょうよう》の税として収められ、家族の衣類となり、銭と同様さまざまな物資を調達するために必要なものであったからであろう。

正妻と祖先祭祀

結婚して三ヵ月を過ぎ、家事ひととおりをこなし、夫の舅姑に仕えるのにも慣れたころ、夫の家の祖廟《そびょう》を詣でることを許される。これが夫の家の先祖にヨメとして認知される儀礼（廟見礼《びょうけんれい》）である。廟見礼を済ませて、「成婦《せいふ》」つまり正式なヨメとなる。もしこの女性が廟見礼の前に死んだら夫の家に葬ってはもらえないという。廟見礼をすませたヨメは、夫の家の先祖祭祀《さいし》を担うことになる。一般には、祖先祭祀は男だけでおこなうようにいわれている。しかし、「妻は家事を伝え、祭祀を承《う》く」（戸婚律二九条疏）とか、「夫《そ》れ祭なるものは、必ず夫婦これを親《みずか》らす」（『礼記』祭統）といわれるように、実際には夫婦が単位となって祖先祭祀はおこなわれた。

中国では人が亡くなると鬼《おに》となる。鬼は子孫から祭られることによって来世の幸福を得ることができる。祭ってくれる者のいない鬼は餒《う》えるのだといい、「不祀《ふし》の鬼」になることは、人間にとってもっとも不幸な状態であるといわれる。子は親の生きている間は両親に孝養を尽くし、亡くなったときには丁重に葬式をおこない、その後は先祖の位牌《いはい》の並べてある廟や祀堂、墓で先祖の供養を欠かさない、これが子の務めの三つである。先祖を祭る廟は身分によって決められており、天子《てんし》は七廟《しちびょう》、諸侯《しょこう》は五廟、大夫《たいふ》は三廟、士《し》は一廟を祭り、庶人は廟をもたないため、寝殿に段を設けて祭る。中央に太祖《たいそ》の位牌を置き、左側に二世、右側に三世、また左に四世、右に五世と順番に並べる。左側の偶数代の先祖を昭《しょう》、右側の奇数代の先祖を穆《ぼく》という。身分による位牌の数を超えた場合は、太祖の位牌だけは必ず残し、遠い先祖の位牌から取り除いていく。この廟の清掃と捧げ物を絶やさないこと、定期の祭の準備を整えること、これがヨメの重要な役割となる。

宗廟祭祀は、ヨメにとっての義務であるとともに権利でもあった。ヨメはこの祭祀を担うことによって、将来夫と共にこの廟に祭られることが可能になる。中国の女性は、結婚して妻となり、夫の家のヨメとなり、息子の母となってはじめて自らの葬祭を受けることができるのである。未婚の女性は生家の墓を祭る義務は負わないが、未婚のまま死亡すれば実家の墓地に葬ってはくれないという。実家に葬られるのは、彼女の母と、彼女の兄弟のヨメである。また、妾《めかけ》となった女性も祭祀の分担はいっさいすることはない。妾が亡くなった場合は、妾に子があればその子が、なければ彼女を慈母とする他の妾の子が、一代限りで祭ってくれるものの、夫の家の廟には入れない。夫とヨメ（正妻）とは一体であるから、死後も夫と妻の位牌は並べて置かれる。厳しいヨメの立場はここで初めて報われることになる。

理想とかけ離れた家族

いままで述べてきた中国の婚姻形態や家族のあり方は、儒教やその根本になっている礼によって説かれてきたものである。理念としての家族と婚姻は、絶対的な家長への子どもたちの従順と奉仕を頂点に、家長である父と同化する形での母への敬愛、二世代以上にわたる同居家族の形態、家族の原点となる婚礼の重視、氏族外婚制をとるための嫁入り婚の徹底、そして娘は父親に従い、妻は夫に従い、老母は息子に従うという女子三従の教えに代表される、女性の男性への服従によって成り立つものである。もっとも、唐代では、夫をなくした寡婦《かふ》である母は、夫つまり父の身代わりとして子どもたちから崇敬され孝養を尽くされるので、必ずしも三従とはならなかった。長幼《ちょうよう》の順が重視され、弟は姉にも仕える。これを高世瑜（後述）は「女性の地位の二重性」と表現している。「修身《しゅうしん》・斉家《せいか》・治国《ちこく》・平天下《へいてんか》」という『大学《だいがく》』のことばに表されるように、礼の根本は、社会基盤の安定がもたらす国家統治にあり、個人道徳、ついで社会の基本単位である家族のあり方を繰り返し説くことを政治手法のひとつとした。儒教の説く礼にかなう理想的家族が、「四世同堂」・「同居共財」の家父長制的大家族であった。

しかし、現実の家族が理想的な家族ばかりであったわけではない。再び敦煌文書の世界に戻ろう。周一良は、吉凶書儀という婚礼と葬式に関する規定を集めた書物（S一七二五）を紹介している（周一良　池田温訳「敦煌写本の書儀に見える唐代の婚礼と葬式」『東方学』七一輯　一九八六年）。そこには、『儀礼』や『開元礼』には書かれていない民間の婚礼習俗について述べられている。

妻が夫の家族と手紙のやりとりをする書式について述べた部分で、「面識がある場合は書と書き、ない場合には疏と書く」とある。婚礼をあげ、嫁入りして夫の家族と対面を済ませたはずの花嫁の書式に、まだ面識がない場合を想定することは不思議ではないか。書儀の説明によれば「近代の人、多くは親迎の式をあげず、花嫁の家で婚礼をおこなう。何年たっても、夫の家には移らない。妻の実家で何人もの子どもを産み育てることもある。両方の家は遠く離れていて、嫁は舅姑に会うこともできない。（略）妻はずっと以前に結婚式を挙げたのにもかかわらず、夫の家族や親類とも面識がない」という。ここでいう近代は唐の中期以降をさし、そのころには、子どもが二、三人生まれてもなお、夫が妻の家を訪れる、いわゆる妻問《つまど》いの婚姻形態が珍しくなかったことを示している。

小説や詩が描く「姦」

奈良時代に日本に伝わった唐代の小説『遊仙窟《ゆうせんくつ》』の主人公の恋愛や、『太《たい》平広記《へいこうき》』に集められた男女の物語、たとえば「裴航《はいこう》」（巻五〇）、「姚氏《ようし》三子」（巻六五）、「崔書生《さいしょせい》」（巻三三九）などに、男が女の所へやってきて夫婦の契《ちぎ》りを結ぶという描写があることについて、従来は唐代社会の遊女の生活を描いたものだと解釈されていた。しかし、これを唐代の結婚の風習を反映するものと考えたほうがよいのではないかと、周は述べている。

白居易《はっきょい》の詩にも「君が家に到りて舎《お》ること五六年、君が家の大人《しゅうと》頻《しき》りに言有り。聘《へい》すれば則ち妻と為《な》り、奔《ほん》すれば是れ妾、主祀として蘋蘩《ひんぱん》を奉ずるに堪《た》えずと」との句がある（「井底より銀缾《ぎんぺい》を引く」）。男が女の家に五、六年暮らした。女の父親は結納を入れて女を妻に迎えて欲しいとしきりに要求する。もし、駆け落ちなどすれば妾の境遇におち、祭祀を主催して蘋蘩《ひんぱん》（ウキクサとシロヨモギの粗末な供えもの）を供物として捧げるような役は果たせないと、哀願されたという内容。結婚する男女は婚礼前には性交渉はもたないという礼や律令《りつりょう》の前提も、数多くの詩や物語で覆《くつがえ》されてしまうだろう。高世瑜は、唐代の女性の諸相を巧みに切り取った『大唐帝国の女性たち』（岩波書店　一九九九年）の中で、恋しあう男女と反対する両親という普遍のテーマを描いた唐代の物語や詩をいくつも紹介している。これは唐代だけのことではなく、『詩経《しきょう》』でも男女の恋愛を歌った詩は数多くみえるように、現実の男女の結婚や家族像は、礼書が想定するものとは大きく異なっていた。大澤正昭も唐代の小説や宋代の裁判記録などから、同時代の中国女性の生き生きとした暮らしぶりを描いている（『唐宋時代の家族・婚姻・女性　婦は強く』明石書店　二〇〇五年）。律令で規定する「姦」罪は、男が女を犯すことではなく、結婚前の男女が性的関係をもつことを罪とする。礼によらない婚姻関係を犯罪とみなすから、この夫婦は強制離婚させるのが法律の基本であった。しかし、このようなことが、中国においてすら実行されたとは思えない。理念としての結婚、理想の家族を法の上に明確に提示しながら、現実の結婚や離婚は想像以上にフレキシブルにおこなわれていたようである。

奈良時代の家族と婚姻

律令法からみる家族

中学か高校の日本史の時間に、次の史料を読んだことを思い出す人は多いのではないだろうか。

女性に与えられた口分田

凡《およ》そ口分田《くぶんでん》給《たま》わんことは、男に二段。女は三分之一が減せよ。五年以下には給わず。

これは田令《でんりょう》の第三条（口分田条）、口分田の班給《はんきゅう》基準について述べられた条文の前段である。田令というのは、口分田の面積や班給規定のほか、官位に応じて支給される位田《いでん》や職分田《しきぶんでん》、畑地・果樹園・宅地などの取り扱いなどに関する法律をまとめた篇である。律令《りつりょう》制では、誰でも満六歳になれば（戸籍に二回登録されれば支給する、ないしは班田の年に数えの六歳以上という説もある）、口分田を支給される。男の場合は二段（約二三・八アール）、女はその三分の一を減らす、つまり三分の二の支給で一段一二〇歩（約一五・九アール）を支給されることになる。二段の口分田からは平均して五〇束《そく》の米が収穫できた。白米に換算すると一五〇キロほど、女性ならば一〇〇キロの白米収穫量に相当する。

ここで、女の受給額が、男の三分の二であることについては、考察の対象になってきた。もっとも単純な議論は、女性の必要カロリーは男性より少なくてよい、労働力は男性に劣る、だから受給額を減らしたというものである。また、女性への支給額が少ないのは、古代社会で女性が差別されていたからだとする意見もあった。しかしここで見落としてならないのは、律令の発祥地中国の規定では、女性への受給は原則としておこなわれていなかった点である。唐の令を復元した仁井田陞の『唐令拾遺《とうれいしゅうい》』によれば、田令三条に相当する条文は次のとおりである（武徳七年〈六二四〉に発布《はっぷ》された武徳令による）。

諸《およ》そ丁男《ていだん》・中男《ちゅうだん》に田一頃《けい》を給う。篤疾《とくしつ》・廃疾《はいしつ》は四〇畝《む》を給う。寡妻妾《かさいしょう》に三〇畝、若《も》し戸を為せば二〇畝を加う。授ける所の田は十分の二は世業と為し、八は口分と為す。

（後略）

本条によれば、二一歳以上の男性（丁男）と一八歳から二〇歳の男性（中男）は一頃（一〇〇畝＝約四・三ヘクタール）の田を班給される。障害者は四〇畝、夫を亡くした妻や妾は三〇畝、ただし、家に成人男性がいない場合は二〇畝を加算して合計で五〇畝を班給される。この班田のうち、一〇分の二は永業田《えいごうでん》として、子孫にまで所有を許され、残りは班田収受の対象とするという内容である。永徽令《えいきりょう》は未詳だが、開元七年（七一九）令は篤疾・廃疾に加えて六一歳から六五歳の老男も四〇畝の班給対象となる以外はほぼ同じ内容であり、開元二五年（七三七）令も基本事項は変わらない。

こうしてみると、中国唐代の令では、口分田支給の対象者は、原則として男性に限られていたことが明らかである。女性が班給を受けるのは本来養ってくれるはずの夫が死亡した場合だけで、それも成人男性の一〇分の三にすぎない。戸内に男手があればそこから援助を受けることが前提になっているのである。中国では、自ら田地を耕作する能力をもち、課役《かやく》を負担できる人民に田地を班給するのが大原則であった。田地の耕作は成人男性がおこなうべきもので、老人・子どもそして女性は被扶養者と考えられていた。

弱者を保護する法

ただ唐令では、例外として身体障害者への保護のために耕作不能であっても口分田を与えている。篤疾は重度の、廃疾は中程度の疾病《しっぺい》者《しゃ》をいう。さらに軽度の障害は残疾《ざんしつ》というが、残疾者は一般男性と同程度の労働が可能だとみなされて、満額が支給されている。政府は疾病者に対して、篤疾者には侍丁《じてい》（介護者）をつけ、篤疾・廃疾の課役はすべて免除、軽度の残疾でも徭役《ようえき》は全額、調《ちょう》は半分免除とするほか、犯罪事件の量刑や収監についても篤い保護を加えている。律令法というと、法家の思想に基づいた厳格な形式主義をとり、被支配者への温情などもたないかのように思われがちである。しかし、律令法は中国社会の礼を基礎にして、儒教的政治観による法体系を構成する。弱者を保護するめくばりは、儒教的倫理観のもたらすものといえる。ただ、この儒教的倫理観は家父長的原理に基づくものでもあるから、老人・子ども・身体障害者と並んで女性も弱者として保護されるべき存在と捉えられる。

女性への保護規定はその極限状況にある犯罪者の取り扱いによく現れてくる。女性が罪を犯した場合、男性とは別の場所に収監され（獄令《ごくりょう》四五条）、徒罪《ずざい》（懲役刑《ちょうえきけい》）の場合は、男性が屋外の土木工事や清掃など強度の肉体労働を課せられるのに対して、女性は屋内での裁縫・粉引きなどの軽度の労働につければよい（獄令一八条）。禁獄中に臨月《りんげつ》になれば仮釈放とし、死罪を犯した者でも杻《てかせ》ははずされ、妊娠中はもちろん出産後一〇〇日間は刑の執行はおこなわれない（断獄律《だんごくりつ》二六条）。なお、産まれた子どもについては、家族か近親が育てること、親類もいない場合は近隣の者たちが育てるべきこと、養子にとろうという者がいたら異姓であっても養子縁組を許可する、などの配慮も加えている（獄令二四条）。また、処刑は普通、都の東西の市や諸国の市でおおぜいの観衆の前にさらされておこなわれることになるが、女性は六位・七位の位階をもつ役人と同様に京外の人目につかないところで執行することになっている（獄令七条）。

父の流刑に娘は同行できるのか

承和九年（八四二）七月、嵯峨《さが》上皇が亡くなった。その直後に橘逸勢《たちばなのはやなり》、伴健岑《とものこわみね》らが謀反《むほん》の疑いで捕らえられた。いわゆる承和の変である。主犯格の橘逸勢は、本来斬刑《ざんけい》にあたるところ、死一等を免ぜられて非人《ひにん》の姓《かばね》に落とされた上で伊豆へ遠流《おんる》とされた。都から配流地へ向かう一行を、逸勢の娘が泣きながら追っていった。護送官らは娘が付いてくることをこばみ、叱りつけて去らせようとしたが、娘は人目を避けて昼は動かず、夜の間だけ父の後を追った。逸勢は遠江《とおとうみの》国板筑駅《くにいたつきえき》で倒れ死んでしまった。娘は父の亡骸《なきがら》を手あつく葬り、墓を守ってその地を動かなかった。『日本文徳天皇実録《にほんもんとくてんのうじつろく》』に記録された孝行話である。このとき、逸勢の息子ふたりと男孫は逸勢に同行していたのに、娘の同行は役人によって拒否されたのである。

実は、もし護送の役人が法律を正しく理解していたならば、娘を追い返すどころか、父親と一緒に連れて行かなければならなかったはずである。名例律《みょうれいりつ》二八条には、流を犯した者の「妻妾はこれに従う」とされ、「父祖子孫の随《したが》わんと欲する者は聴《ゆる》す」と規定されていて、男が流刑の処分を受けた場合、妻妾は必ず同行しなければいけない。父祖子孫については、天皇の恩典として当事者に有利になるようにしなければいけないのだから、当事者が望むならば同行を許すことになる。男子でも同行が許されるのだから、まして娘の同行が拒否されるはずはない。逸勢の娘が独身であれば、同行させるのが法の趣旨であった。

逆に、既婚女性が流罪の判決を受けた場合は、流刑地へ流されることはなく、流罪の等級に応じて木の棒（杖）で六〇・八〇・一〇〇を打たれた上で懲役三年を課すという決まりになっている（名例律二一条）。妻を「独り流さず」というのは、妻は「夫と体を斉《ひとしく》する」者だという社会規範から導き出される。犯罪者であっても、妻を夫から遠く離すべきではないと考えるのである。父や夫が流罪を犯したとき、その娘や妻を流刑地に同行させ流刑地に永住させることは、常に女性を保護者とともに暮らさせる恩恵なのである。夫を亡くした母もまた息子なくしては生きられない存在として、息子についていかなければならない。

家族は基本的に同居すべきものである。特に、女は常に扶養される者である、というのが律令法を貫く家族観・女性観であった。橘逸勢父子の逸話は、この立法の趣意が平安時代前期でも、まだ役人たちに徹底されていなかったことがよくわかる。

女性は弱者か

中国における律令の規定では、女性は養われる性、産む性として捉えられ、班田《はんでん》というもっとも基本的な生産手段を奪われた。さらに、戸令二三条（応分条）によれば、分家に際して財産を分けるときも、女性は男性の聘財《へいざい》（結納にあてるもの）の半分が嫁入りのときの持参財分として認められるだけであるから、法的には私有財産をもつ機会はほとんどなかったことになる。しかし、唐の律令法は伝統的な家父長主義の原則にみあった女性保護を全面的に打ちだし、建前であったとしても一貫して〝女性は弱者〟の姿勢を保った。

これに対して日本では、まだ幼い子どもでも男であれば成人男性と同額が支給され、さらに、割合を減じて成人女性、幼い女児にも口分田が支給された。日本の田令では年齢階梯による区別もない上、女性という性に対しても一貫した主張はみうけられない。中国では、女性や子どもは納税者としてみなされることはなかったが、日本では女性も子どもも口分田を班給される以上、土地税としての租（一段につき二束二把）は負担しなくてはならなかった。しかし、その他の税、調・庸《よう》・雑徭《ぞうよう》は、中国と同様に男性の負担すべきものとされ、兵役《へいえき》や運脚《うんきゃく》の義務もない。成人女性への税負担は、男性の一〇分の一にも満たない計算になる。一方で、獄令や名例律のような名分的条項は、唐の律令をほぼ踏襲《とうしゅう》したために、女性を弱者として捉える視点は残すというきわめて矛盾した法体系になってしまった。日本の戸籍から成人男性が減少し、女、子ども、老人ばかりになっていくのは当然の結果である。

国家の根本となる班田と収税は、当時の日本の国情を意識しないわけにはいかなかったはずである。果たして、大宝律令《たいほうりつりょう》・養老《ようろう》律令の編纂官にとって、女性は弱者として映ったのだろうか。

女性にも口分田を与えると決めた大宝令の編纂官は、田令三条の注の形で、「女減三分之二」と書き加えた。「女」に与えるのである。見過ごしてしまうような何気ない表現にすぎない、この「女」の文字について少し考えていくことにする。

「女」字の意味するもの

「女」という文字は、女性が跪《ひざまず》く姿をあらわし、しなやかで、小さな、従順なものをさすという。男に対する女という使い方もしないわけではないが、古典では結婚した女性を「婦人」というのに対して、未婚の女性をさすのが一般的である。法律ではことばの使い方は厳格でなければならない。特に刑法である律は、人の命にかかわることもあるからより厳格なことばの定義が必要になる。唐の開元二五年（七三七）に発布《はっぷ》された律の注釈書『唐律疏議《とうりつそぎ》』は、法の体系性はもちろん、用語の一貫性においても優れていると評価が高い。そこでまず、『唐律疏議』で「女」文字がどのように解釈されているのかみてみよう。

諸《およ》そ謀反《むへん》及《およ》び大逆《だいぎゃく》は、皆斬《みなざん》。父《ふ》、子《し》の年《とし》十六以上《いじょう》は皆絞《みなこう》。十五以下《いか》及《およ》び母《ぼ》・**女**《じょ》・妻《さい》妾《しょう》子の妻妾亦同じ・祖《そ》・孫《そん》・兄弟《きょうだい》・姉妹《しまい》、若《も》しくは部曲《ぶきょく》・資財《しざい》・田宅《でんたく》は並《ならび》に没官《もつかん》。男《だん》夫《ぶ》の年《とし》八十及《およ》び篤疾《とくしつ》、**婦人**《ふじん》の年《とし》六十及び廃疾《はいしつ》は、並《なら》びに免《ゆる》せ。（下略）

内容は、君主に危害を加えようとする謀反《むほん》の罪や、君主の陵墓《りょうぼ》や宮殿を毀損《きそん》する大逆罪を犯したものは斬刑（首切り）とする。犯人の父親と一六歳以上の息子は絞殺とする。犯人の一五歳以下の息子と、母親、娘、妻妾（息子に妻妾がいれば同様）、祖父、兄弟、姉妹と家内奴隷、動産、不動産はすべて国家が没収する。ただし、八〇歳以上と重度疾病の男性、六〇歳以上と中程度疾病の女性はすべて免除する、というものである。この条文でいう「女」は明らかにムスメ、つまり未婚の女性をさしている。また、後段の文章の「婦人」は、六〇歳以上の女性に対する刑の免除規定である。法律の対象は六〇歳以上の女性すべてであるが、ここでは「女」でも「婦女」でもなく、「婦人」という本来結婚した女性をさすことばを使っているのが目を引く。

「婦人」ではなく「婦」の字を用いた例もある。「婦」は「子孫の婦」（雑律《ざつりつ》二五条）、「卑幼の婦」（闘訟律《とうしょうりつ》三三条）のように、律本文では子どもや孫の妻、つまりヨメをさすのに使う。「婦女」の例は少ないが、「強（姦）ならば婦女は坐《つみ》せず」と、既婚・未婚、有夫・寡婦を含めた女性の総称に用いられる。「婦人」については、先に例にあげたように六〇歳以上ならば未婚女性も含まれる場合と、「婦人が夫を犯し」（名例律一五条）のように既婚女性にだけ適用される場合がある。ただ、律令の条文を追っていくと、「婦人」とは基本的に成人した女性であり、成人した女性は結婚しているはずのものであるという立法者の理念が貫かれているように思われる。

さて最後に「女」の使われ方をもう一度検討しよう。

凡《およ》そ男の十五、**女**の年十三以上にして、婚《こん》嫁《か》聴《ゆる》せ。（戸令二四上）

ここでは、明らかに未婚の女性を「女」と称している。『唐律疏議』はもちろん、令本文でも唐令とあまり変わらない条文では、「女」字は未婚女性、親元に暮らすムスメに限定して使用される。ところが、先の田令のように、唐の律令法にはない注記を日本で加えた箇所ではすべて「女」字が用いられている。女性に口分田を与える田令三条のほか、皇族や貴族に与えられる帳内《ちょうない》・資人《しじん》（朝廷が経費を負担して個人に与えられる使用人）の人数を定めた軍防令四九条も、やはり注として「**女**は減半《げんぱん》せよ」と「女」字を用いている。女性皇族や女性貴族に、同格身分の男性の半数の帳内・資人が与えられる規定も、日本独自の注である。同様に、三位以上に許される家政機関の職員規定（家令《けりょう》職員《しきいん》令《りょう》五条）も、注で「**女**も亦此《またこれ》に准《なぞら》えよ」と記している。葬儀の際の香典《こうでん》（供物）の品数や葬列に支給する霊柩車《れいきゅうしゃ》や儀仗《ぎじょう》などをきめた喪葬令《そうそうりょう》五条・八条については、唐で「内命婦」とか「婦人」（『唐令拾遺』同令三・七・一三条）の語をあてるところを、日本ではやはり注で「**女**も亦此《またこれ》に准《なぞら》えよ」と記している。

このように並べてみると明らかなように、日本で加えられた注記は、唐では認められなかった女性に対する経済的権利を認めようとする部分である。これが日本古代における女性の地位の高さを示すものだということは、すでに指摘されてきた（中田薫「我が太古の婚姻法」『法制史論集』四巻　一九六四年）。

家族の枠に縛られない「女」

さらに注意すべきなのは、わが国独特の女性の地位の高さを示す条項が、すべて「女」という用語を使っていることである。唐の律令法では「女」は、未婚の親元にいるムスメに限定され、本来既婚婦人をさす「婦人」が、成人としての法的人格をもつ女性として、女性全般を代表するという用法である。なぜ、日本では「婦人」ではなく「女」をもってすべての女性をあらわす言葉としたのだろうか。

中国では、女性は父のもとにいるムスメ（女）か、夫の妻であるか（妻妾、婦人）、夫に死なれた寡婦（寡妻妾）であるかの家族員としての三形態しか存在しなかった。女性にとって結婚するかしないかは、親の家から夫の家にと帰属する先が変わるだけでなく、法的身分も含めて全人格にかかわる問題であった。未婚と既婚の間には深くて広い川があり、女から婦人になるためには、煩雑な婚礼をあげて花輿に乗って渡らなければならないものとの理念が構築されていた。年齢に関係なく未婚のムスメは未成年、半人前の存在であるのに対して、結婚した婦人は夫の人格の中に吸収される形ではあっても一人前として扱われる。だから、夫を亡くした寡婦は夫に代位する者として子どもたちの前に立つことができた。

それに対して、日本の古代では、結婚というのは女性にとってそれほど大きな意味を持つことはなかった。女が農作業に従事するのは当然のことだったし、共同体の集会にも参加した（義江《よしえ》明子『創られた卑弥呼像』集英社新書　二〇〇五年）。在地の首長となり、夫や子どもから独立して位階・官職をもつこともできたのが、律令制導入以前の日本の女の姿だった。

そもそも男の妻問《つまど》いから始まる男女の関係は、婚姻の開始時期すらあいまいにしてしまう。当初は男女の恋愛にすぎないのだから、必ずしもふたりで家族を形成しようという意思が働くわけではない。日本の古代では、族外婚の習俗はなく近親婚のタブーも厳しくはない。父系制原理も確立せず、父方・母方双方と同じ程度のかかわりをもち、夫婦が家屋を別にして他の親族から独立するとは限らない（吉田孝『飛鳥・奈良時代』岩波ジュニア新書　一九九九年）。家族の形はおのずから不明瞭で可塑性《かそせい》の高いものになった。その時々の状態で大きな家族にも小さな家族にもなりえた。このような社会では、女性を未婚か既婚かで分けることはまったく意味をもたなかった。結婚を女性の人生の転換点とすることができない以上、法の上では「女」のままで一人前の人格として扱うのが適当であろう。大宝令の編纂官が「女」文字を用いたのはこのような日本古代の女性を目の当たりにしていたからだと思われる。

律令の編纂

七世紀初頭の遣隋使《けんずいし》・遣唐使《けんとうし》の派遣以来、大和《やまと》朝廷は律令《りつりょう》体制の導入にむけて着実に歩んできた。六八一年、天武《てんむ》天皇によって飛鳥浄御原《あすかきよみはら》律令の編纂が開始された。この時、律は完成せず、六八九年、持統《じとう》天皇によって令のみが施行《しこう》された。飛鳥浄御原令の具体的内容についてはわからないことが多い。しかし、七〇一年に完成施行された大宝律令と、七一八年に編纂が開始され、七五七年に施行された養老律令については、ほぼ全文を復元できる。

大宝律令の編纂にあたっては、刑部《おさかべ》親王を上置きとして、藤原不比等《ふひと》が実質的な統括にあたり、編纂の実務は唐の国に留学し最新の知識を学び、日唐の国内事情にも通じていた学識経験者があたった。一方、養老律令の編纂官は、大学の明法科に学び専門家として育成された者が多い（井上光貞「日本律令の成立とその注釈書」『律令』岩波書店　一九七六年）。二世代ほどの時代を経た編纂官には、社会と法とのとらえ方に若干の違いがあったようである。

特に、編纂官に渡来系の人物が多く選ばれたことによって、戸令や戸婚律を中心とする家族法関係は大きな矛盾を抱えることになった。日本の在来社会の家族とは異なり、大陸の家族に近い生活慣習をもつ編纂官は、唐の家族法が日本の現実に合わないことを承知しながら、日本にも将来あるべき理想の家族像を示す考えから、あえて唐の家族法に大きな修正を加えなかったのである。

しかし、そのような編纂官をして、唐にはない女性への権利を書き加えたのはなぜなのだろうか。大宝・養老律令の編纂が進められていたのは、文武天皇をはさんで、持統・元明・元正と女帝の続いた時代であった。日本社会における女性のあり方を際立たせ、男性の扶養に頼らない女性の生き方を認めて、女性の自立を保障する経済的権利を与える方向で条文がまとめられたのは、女帝の存在を抜きにしては語れない。逆にいえば、女性の権利の保障は女帝自身をも守る。

凡《およ》そ皇《こう》の兄弟・皇子《おうじ》をば、皆親王《しんのう》と為《せ》よ。女帝の子も亦《また》同じ。（後略）

継嗣令一条のこの条文も、やはり注の形で、女帝が産んだ子どもを男天皇の子どもたちとまったく同じ条件で後継者と認めることを謳っている。皇女の結婚相手は皇族に限るという制限はあるものの、未婚の皇女が即位し、その女帝が男性と結婚して子どもを産む可能性を予測して、書き加えられた注である。女帝を生み出し続けた土壌は、「女」そのものの存在を認める社会であり、子どもたちは、父の子、父系（男系）だけに属するのではなく、母の子、母系（女系）にも属するという意識の中で育てられたのであった。

大伴坂上郎女の結婚と一族

大伴坂上郎女の歌

佐保川《さほがわ》の小石《こいし》踏《ふ》み渡《わた》りぬばたまの黒馬《くろ》の来る夜《よ》は年《とし》にもあらぬか

（『万葉集』巻四　五二五）

佐保川の畔の小石だらけの道を踏みながら、あの人は漆黒の馬に乗ってやってくる。このような夜が一年中であればよいのに。

この歌の作者大伴坂上郎女《おおとものさかのうえのいらつめ》は、贈従二位《ぞうじゅにい》大納言大伴宿禰安麻呂《おおとものすくねやすまろ》の娘で、母は石川郎女《いしかわのいらつめ》。従二位大宰帥《だざいのそち》・大納言旅人《たびと》の異母妹、『万葉集《まんようしゅう》』の編者といわれる家持《やかもち》にとっては叔母にあたる。坂上郎女は『万葉集』に短歌七七首、長歌《ちょうか》六首、旋頭歌《せんどうか》一首の計八四首の歌が載る万葉歌人である。女流歌人の中ではもっとも多くの歌をとられている。もっとも坂上郎女の歌は、類歌、類同の表現が多く、言葉遊びの歌にすぎないとか、風流を楽しんでいるだけだとか、はては「娼婦の言のごとく」とまでいわれることがあり、たとえば斉藤茂吉《さいとうもきち》の名著『万葉秀歌』（岩波新書　一九三八年）でもあまり高くは評価されていない。

しかし、家持に歌と恋のてほどきをおこなった郎女の生涯は、実に色彩豊かであった。美貌で才知にあふれた貴族女性というだけではない、万葉の時代を生き抜いた女性の存在感は、現代のわたしたちに圧倒的に迫ってくるものがある。むしろ、その多様さが近代の男性には評価されない理由のような気がする。もちろん、詠まれた歌や歌につけられた注は、つくりごとであることも多く、和歌を歴史的に読み解こうとすることは、国文学からの批判を受けるところである。それでもなお、坂上郎女の生涯は八世紀の貴族女性のひとつの典型としてここに提示する必要があると思われる。

万葉歌人としては著名な坂上郎女も、正史《せいし》である『続日本紀《しょくにほんぎ》』にはまったく名前を残していない。そもそも正史は、家族や結婚といった私的な空間はまったく明らかにしてくれないものだから。

坂上郎女の屋敷

冒頭に掲げた歌は、郎女と藤原四兄弟の末弟麻呂《まろ》との相聞歌《そうもんか》の連作の中の一首である。連作の一首に次のような左注がつけられている。

右の郎女《いらつめ》は、佐保大納言卿《さほのだいなごんきょう》の女《むすめ》なり。初《はじ》め一品穂積皇子《いっぽんほづみのみこ》に嫁《か》して、寵《ちょう》せらるること儔《たぐい》なし。皇子《みこ》の薨《こう》ぜし後時《のち》に、藤原麻呂大夫《ふじわらのまろのだいぶ》の郎女《いらつめ》を娉《よば》ひしなり。郎女《いらつめ》は坂上《さかのうえ》の里《さと》に家《いえ》す。仍《よ》りて族氏号《ぞくしごう》して坂上郎女と曰《い》ひしなり　（『万葉集』巻四　五二八）

この注によれば、郎女の父親安麻呂は佐保の地に邸宅を構えていたために佐保大納言と呼ばれていた。佐保邸の候補地についてはさまざまな議論がある。佐保の地域は、東北は聖武《しょうむ》天皇陵の佐保山南陵、光明《こうみょう》皇后の佐保山東陵のあたり、西は法華寺《ほっけじ》まで、南は二条大路あたりまでと相当広い範囲をさす。『新日本古典文学大系』をはじめ『万葉集』の代表的な注釈書は、佐保邸は平城京の東北の郊外、若草山《わかくさやま》の西側にあたる地域の小高い丘陵

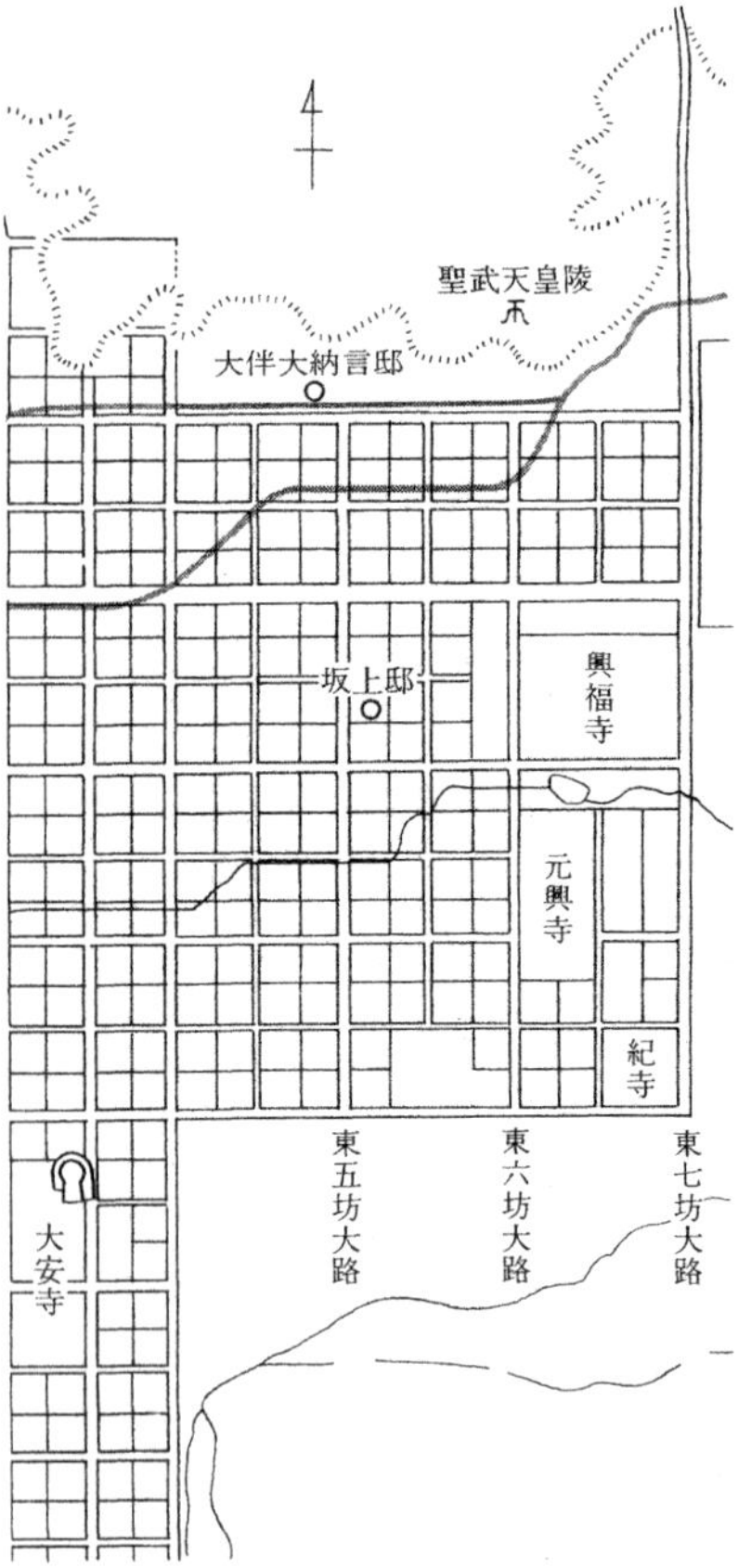

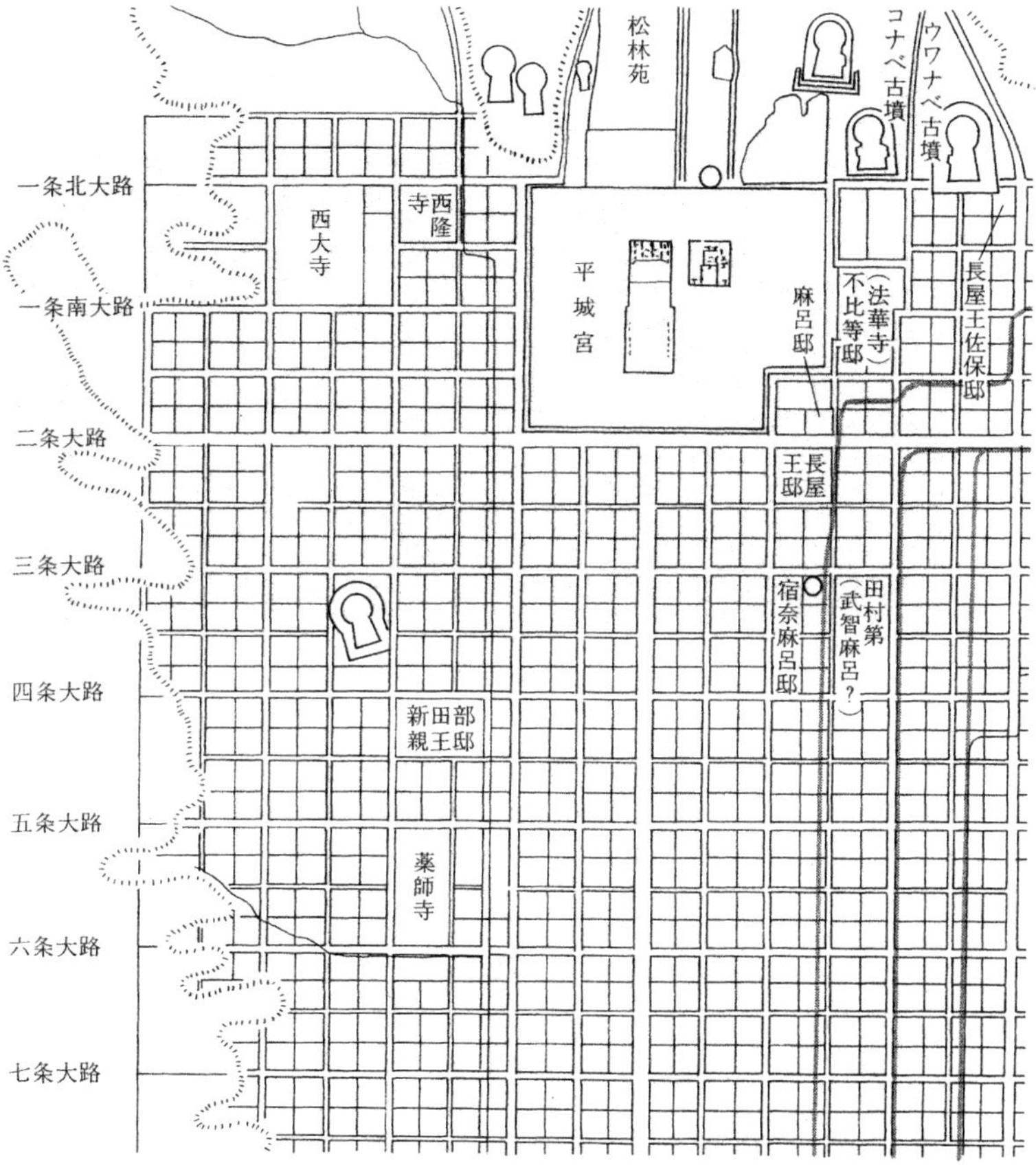

大伴坂上郎女関係者邸推定図

現在の佐保川

地で佐保川の中流にそった鄙《ひな》びた環境とする。

有名な長屋王《ながやおう》も佐保宅（宝宅・作宝宅）と呼ばれる屋敷をもっていたことが、『懐《かい》風藻《ふうそう》』や『万葉集』からわかっている。一九八六年秋からはじまった左京三条二坊一・二・七・八坪の発掘調査の結果、ここが長屋王邸跡地と確定された。当初は、この場所が佐保宅と同じなのかどうかという議論があった。跡地の近辺の地名が佐保と呼ばれた例がなく、周辺はまったく平坦な場所で、山林や川池など詩歌の情景を想像することはできない場所だったからである。しかしその後、佐保からショウガを送ったという内容の木簡《もっかん》が発掘されたことにより、左京三条二坊の本邸とは別に、御薗《みその》として蔬菜《そさい》類などを調達する領地と別荘に使われた佐保邸があったことが確実になった。長屋王の佐保邸の有力候補としては左京一条三坊一五・一六坪の発掘調査地があげられている（寺崎保広『長屋王』吉川弘文館　一九九九年）。また、藤原房前《ふささき》（麻呂の兄）の所有していた佐保殿も北家とは別の屋敷で、現在の佐保田町にあたっている。

川口常孝は、大納言を勤めた安麻呂の本宅が都の郊外とは考えにくく、はじめ左京二条二坊に宅地を提供され（この根拠については不明）、後に、一条南大路（佐保路）と東五坊大路が交差した北西角の地に転居したと述べている（『大伴家持』桜楓社　一九七六年）。確かにこのあたりなら外京のはずれとはいっても、平城宮へ通うのにさほど不便ではないし、当時は佐保川の畔《ほとり》にあたっていたから風光明媚《ふうこうめいび》な郊外の趣があったろう。

坂上郎女の結婚

大伴坂上郎女は、少女時代を佐保邸で暮らし、穂積親王と結婚した。『万葉集』の用字を信じれば、穂積親王との結婚は「嫁」、つまり親王の家に嫁入りする、親王の宮に移り住む結婚だったことになる。親王は霊亀元年（七一五）七月に亡くなった。郎女の生まれた年については、持統八年（六九四）、文武三年（六九九）、大宝元年（七〇一）などの説があるが、特に根拠はない。大宝元年誕生だと、親王の薨去《こうきょ》したときに郎女は一六歳以下ということになる。

『万葉集』の解説書などでは、戸令《こりょう》の婚姻許可年齢「凡《およ》そ男の年一五、女の年一三以上、婚嫁聴《ゆる》せ」（戸令二四条）をうけて、当時の習慣では女性が一三歳になれば結婚するものだときめつけているような説明も多い。しかし、この条文はあくまでも許可年齢、つまりこれ以下では結婚は許さないということにすぎない。現代でも女性の結婚は一六歳から許可されていても、その年齢で結婚するのはごく少数なのと同じで、当時も少女の結婚がそれほど多かったわけではない。郎女の生年は持統朝、六九五年生まれの麻呂と同じかやや早いかくらいに考えたほうがその後の生涯はたどりやすい。

親王の死後、藤原四兄弟の末弟麻呂が郎女の屋敷に「娉《よば》いす」ることになる。このころ、郎女は佐保の近くにある坂上の地に住んでいた。そのため、大伴氏一族は彼女のことを坂《さかの》上《うえの》郎女《いらつめ》と呼んでいたという。坂上の地について川口は、佐保邸から一・二キロほど南にある、三条大路の北、東四坊大路の東、開化《かいか》天皇陵の西南に比定している。麻呂との恋愛時期は、「京職《きょうしき》藤原大夫《だいぶ》」と注している歌から、麻呂が左《さ》右《う》京職《きょうしきの》大夫《だいぶ》を勤めていた、養老五年（七二一）六月から天平三年（七三一）前半までの一〇年間としかわからない。麻呂は二七歳から三七歳のころである。麻呂の屋敷は左京二条二坊五坪にあったことが、一九八九年に出土した二条大路木簡からわかっている。麻呂は二条の屋敷から黒駒を駆って東へ二キロほど離れた郎女のもとへ通っていたのだろう。京職の長官という激務に加えて、長屋王との政権争いが激しくなっていた時期に、夜ごとにたえることなく女のもとを訪れるのは簡単ではなかったのかもしれない。真摯《しんし》な郎女の歌に比べて麻呂の歌はいいわけじみていると評論されている。そのためか麻呂との関係は比較的短期間で終わりを告げる。

麻呂との関係は男の通い婚、つまり妻問い婚の形をとっている。麻呂は百能《もものう》・勝人《かつひと》を産んだ当麻《たぎま》氏の娘と、浜成《はまなり》の母となった因幡国八上郡采女《いなばのくにやかみぐんのうねめ》（因幡国造気豆《いなばのこくぞうきず》の娘）と、少なくともふたりの女性と関係をもっていたことが知られる。麻呂は天平九年（七三七）、持節《じせつ》大使《たいし》に任じられ陸奥国多賀柵《むつのくにたがのき》に赴いた。四月、戦況報告のために帰京したところ、九州から蔓延《まんえん》してきた疫病に罹《かか》り、次兄房前《ふささき》についで七月一三日に没した。時に四三歳、武智麻《むちま》呂《ろ》・宇合《うまかい》も相次いで亡くなった。

ところで、坂上大嬢《さかのうえのおおいらつめ》と坂上二嬢《さかうえのにじょう》は異母兄弟の大伴宿禰宿《すく》奈麻呂《なまろ》との間にもうけた子どもである。坂上郎女と宿奈麻呂との関係がいつごろからはじまったかは明らかではなく、麻呂との恋愛より前だったという説もある。夫の宿奈麻呂は大津皇子《おおつのみこ》の侍女《じじょ》だった石川女郎《いしかわのいらつめ》の老いらくの恋の相手を努めたこともあり（巻二　一二九）、他にも石川郎女を妻としている（巻二〇　四四九一）。坂上郎女と結婚する前に古麻呂と田村大嬢《たむらのおおいらつめ》のふたりの子どもをもっていた。

「……卿《きょう》の田村の里に居《お》れば、号して田村の大嬢《だいじょう》と曰《い》ひき。但し妹坂上大嬢《いもうとさかのうえのだいじょう》は、母、坂上の里に居りき。仍《よ》りて坂上大嬢と曰ひき。時に姉妹諮問《しもん》するに歌を以て贈答しき」

（巻四　七五九左注）という注によれば、宿奈麻呂は田村の里に娘と住んでいたことになる。田村の里は左京三条通の南側のあたりをいい、藤原仲麻呂《ふじわらのなかまろ》の田村第《たむらだい》は左京四条二坊の東半分を占めている。郎女は娘たちと坂上の里に住み、宿奈麻呂とも同居はしなかった。しかし、両邸の異母姉妹はなごやかな交流を続けていた。

坂上郎女は、もう一人の異母兄旅人の妻でもあったという文学者も多い。しかし後述するように、異母キョウダイ婚は天皇家でも忌避される傾向があったようで（九九ページ参照）、同母キョウダイ婚のような絶対的タブーではなかったにしても、必ずしも歓迎される結婚のかたちではなかったと思われる。郎女がふたりの娘をもうけながら宿奈麻呂と同居しなかったのは、異母キョウダイ婚への氏族社会の目があったために違いない。

正妻の誕生

大伴宿禰旅人が大宰帥となって筑紫《ちくし》に赴任した際、妻の大伴郎女《おおとものいらつめ》と、まだ一一歳の家持を大宰府《だざいふ》に同行した。家持は養老二年（七一八）、父五四歳のとき生まれた待望の一人子である。旅人の妻大伴郎女は、神亀五年（七二八）に病気のためになくなっている。ところが、家持は天応元年（七八一）に実母の喪に服するための解官《げかん》（休職）の後現職に復帰したという記事があるので、大宰府で病死した妻は家持の実母ではなかったことになる。旅人の妻が亡くなった知らせを受け、少年家持の世話をするために大宰府に旅立ったのは、家持の実母ではなく叔母の坂上郎女であった。坂上郎女は、まだ幼い娘たちを大宰府に連れていったのだろうか。

ところで、大伴郎女は旅人の正妻であった。彼女を正妻と認めるのはなぜなのだろうか。実は大伴郎女死去の報によって、朝廷から弔問《ちょうもん》の勅使が大宰府に遣わされたことが『万葉集』からわかる。三位以上の役人の祖父母・父母そして「妻」がなくなったときには、天皇に奏聞《そうもん》し、それに対して弔問の勅使が派遣され、香典《こうでん》の品が届けられる規定が喪葬令にある。律令法でいう「妻」は、必ずただひとりの正妻をさす。ということは、家持の実母は旅人の唯一の男子を生んでも、正妻にはなれなかったことになる。

結婚のかたちが定まらない社会の中にありながら、五位以上の貴族たちは、正妻を決定する必要が生じた。朝廷での儀式に女性が参加できるのは、内親王と女王を除けば、女性自身が後宮女官として位階をもっている内命婦《ないみょうぶ》か、五位以上の貴族の正妻である外命婦《げみょうぶ》に限られるようになったからである（後宮職員令一六条）。貴族社会にとって、宮中に参列できるか否かは大きな問題である。多分の禄《ろく》（みやげ物）をもらえることもあるが、自分の一族、家族の位置を貴族仲間に明確に示し、社交によって一族の政治的立場を優位に導くこともできる。さらに、子どもが最初にもらえる蔭位《おんい》による位階も、正妻の長子とそれ以外とで差別する規則もできた（選叙令三八条、継嗣《けいし》令二条）。律令制導入以前にははっきりしなかった正妻の存在は、まだ矛盾を抱えながら貴族社会に知られていった。

佐保の家，推定地

母として叔母として

天平二年（七三〇）暮、旅人は大納言《だいなごん》となり都に戻ることになった。郎女も一緒に帰京し、しばらくは旅人の屋敷佐保邸に住んでいた。翌年には旅人が六七歳で亡くなってしまったために、坂上郎女は旅人家の管理と、なによりも家持の教育のために、佐保邸に住みついた。

　このころ、佐保邸には坂上郎女の母、石川郎女が住んでいた。石川郎女は石川内命婦（巻四　六六七左注）、大家《おおとじ》（巻三　四六一）、邑婆《おおば》（巻二〇　四四三九）などと呼ばれている。石川郎女は蘇我石川麻呂《そがのいしかわまろ》系の出身であり、後宮女官として出仕して五位以上の位階をもっていた。元正《げんしょう》太上天皇の詔《みことのり》にただひとり即応して水主内親王《もひとりのひめみこ》を見舞う歌を詠んだという。奈良時代には、結婚しても女官として勤める女性は珍しくはなかったから、彼女も独身時代から結婚後まで女官勤務をしていた可能性が高い。

また石川郎女の姉妹にあたる安曇《あずみ》外命婦は、女官にはならずに阿倍氏の妻となって虫麻呂を生んだ。坂上郎女が幼いころは、母の実家である石川氏の屋敷に母と暮らした。この屋敷には叔母の安曇外命婦も息子と共に暮らしていた。坂上郎女と母方イトコになる虫麻呂とは、幼いころ共に暮らし仲良く遊んだ、いわば筒井筒《つついづつ》の仲であった。その後、石川郎女は娘と共に佐保邸に移り、夫の安麻呂、義理の息子の旅人が亡くなった後も佐保邸で暮らした。天平七年（七三五）には、石川郎女は病気療養のために有馬《ありま》温泉に湯治《とうじ》に出かけているので、この時期からまもなくに亡くなったのかもしれない（巻三　四六一）。

『万葉集』の編者というだけでなく、集中もっとも多くの歌を残した家持に、和歌の手ほどきをしたのは郎女であった（橋本辰雄『大伴家持』王朝の歌人2　集英社　一九八四年）。彼女は家持だけでなく、弟稲公《いなきみ》が姪にあたる田村大嬢へ贈る恋歌の代作をしたり（巻四　五八五）、長女の坂上大嬢に通ってくる家持を引き止めるための歌を送ったり（巻四　五八六）、次女と甥の駿河麻呂との恋を支えたり（巻四　六五二）、と和歌を通して一族の子女の教育と、恋の仲介とをおこなっている。

『万葉集』を読むと大伴氏一族はまるで氏族内婚制をとっているかのように、近親婚の

大伴坂上郎女関係系図（□は三位以上）

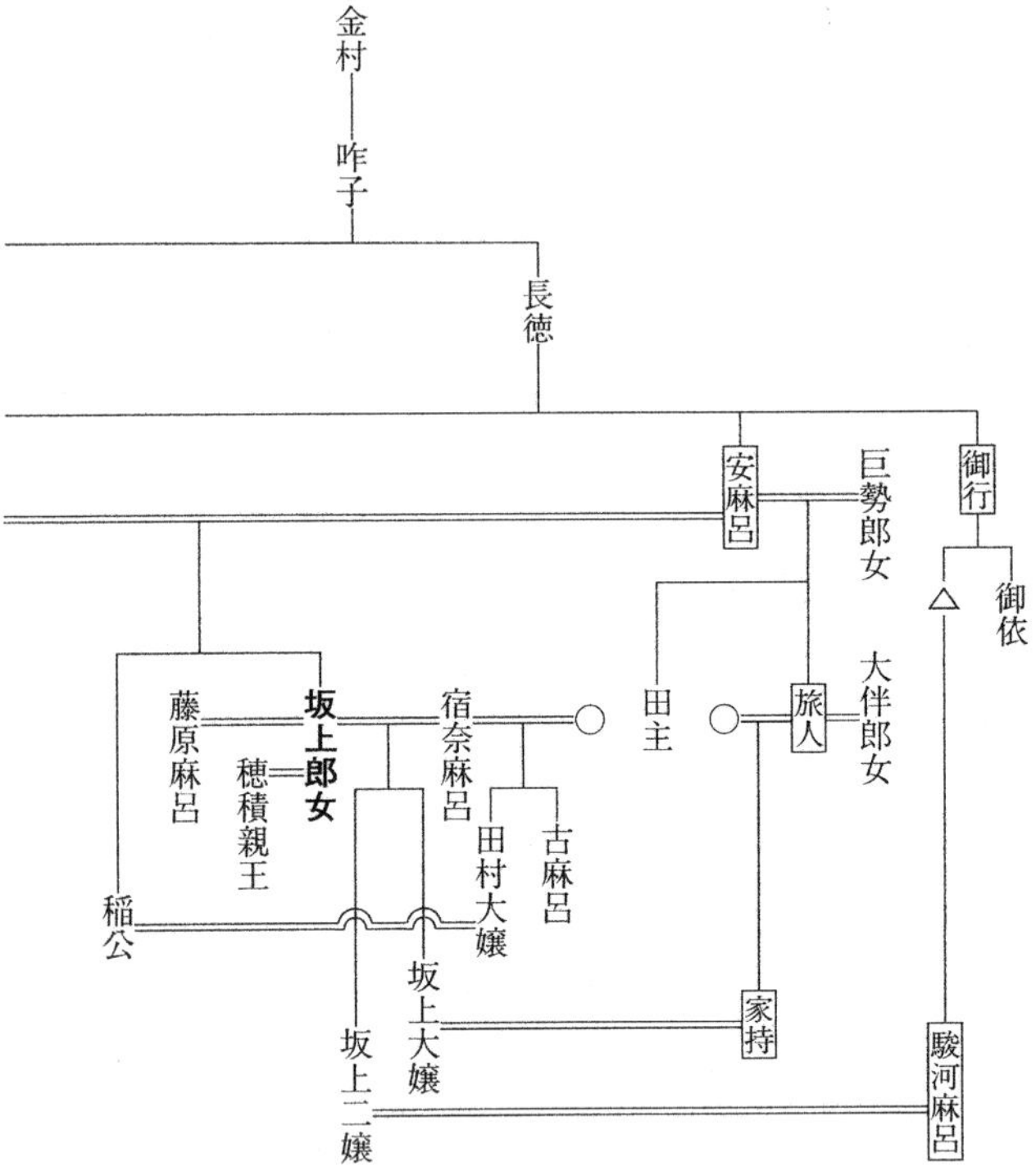

例が多い。前述したように坂上郎女は異母兄弟の宿奈麻呂《すくなまろ》と結婚し、娘ふたりは家持・駿河麻呂の妻となり、弟稲公は姪の田村大嬢と恋をした。旅人の正妻もやはり大伴氏である。大伴氏でも安麻呂は蘇我石川氏の女や巨勢《こせ》氏の女と、古慈悲《こじひ》は不比等《ふひと》の娘と結婚しているし、大伴氏の娘が藤原氏の妻になった例（鎌足《かまたり》の母、小黒麻呂《おぐろまろ》の母）もある。逆に、藤原氏

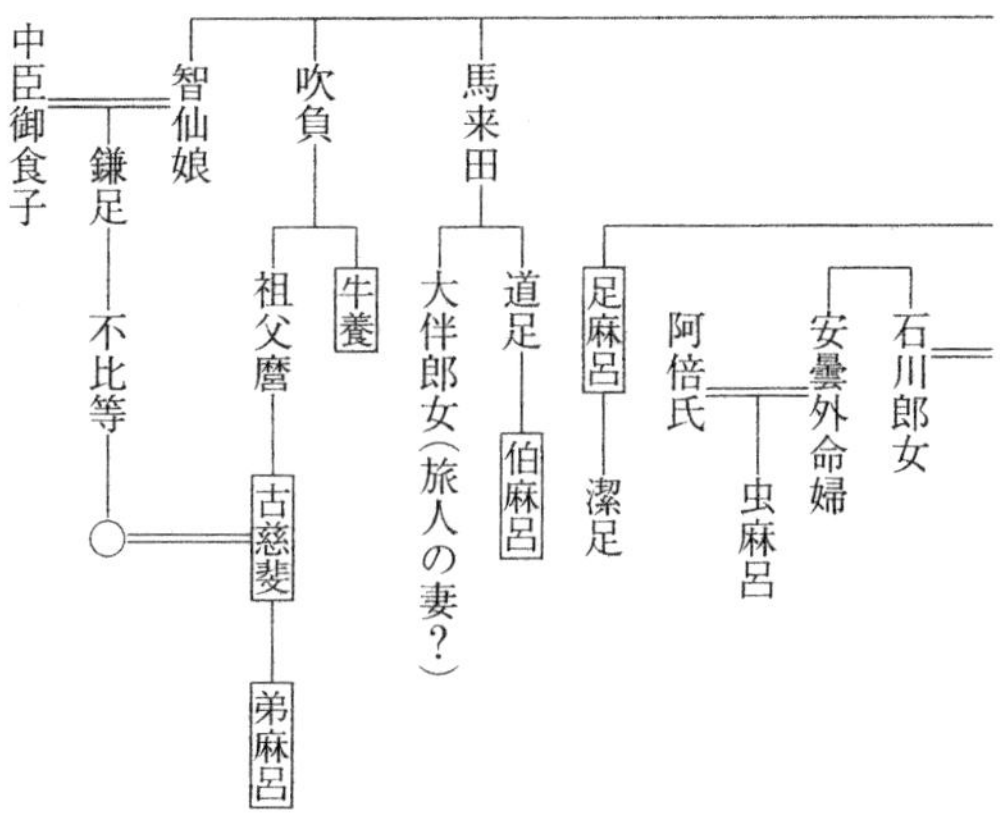

は不比等が異母妹で天武夫人だった五百重娘《いおえのいらつめ》との間に麻呂をもうけることもあったが、自分の子どもたちには天皇家、有力貴族と姻戚関係を築くことを積極的に勧めたようだ。藤原四兄弟の次世代ではイトコ婚がみえるのは、イトコ関係が一気に増殖したためもあろう。

当時の日本は中国とは異なり氏族外婚制のような婚姻のタブーはほとんどなかった。『古事記《こじき》』の国津罪《くにつつみ》や、衣通姫《そとおりひめ》伝承にみられるような、父と娘、母と息子、同父同母の兄弟姉妹との結婚が禁止されていたくらいで、叔父と姪、叔母と甥はもちろん、母親が違う異母キョウダイなら、好ましいとはいえなくても結婚は可能だった。

藤原氏でもイトコ婚はおこなわれているから、族内婚は、大伴氏に限ったことではない。ある時期から同居をはじめるとはいえ、当初は夫が妻の下へ通う通い婚、妻問い婚からはじまる当時の結婚からいえば、より身近なところに暮らす男女が結びつく確立はきわめて高い。藤原京や平城京へ移り住む以前には、氏集団はそれぞれの地域に固まって住んでいることが多かったから、同じ集落に住む一族の男女が恋愛し結婚することのほうが、日常生活に差しさわりがなかったことはいうまでもない。さらにいえば、一族同士が結婚すれば、氏の形成した所領や財物が他へ流出することもない。

蘇我入鹿《そがのいるか》の母は物部《もののべ》氏出身で、入鹿が豊かな財力を誇ったのも母の財産が大きかったという。これは、物部氏側からいえば氏所有の財産が減少したことになる。女性の所有財産は律令法によって枠をはめられていくが、律令制導入以前の慣習では女性の所有権、相続権は確保されていた。となると、財産所有の主体である女性を氏族の外へ出さない、女性の側にも一族内部での統率権を棄てて外へ出ない選択をする者も多くいたであろう。

刀自―大伴坂上郎女

然《しか》とあらぬ五百代小田《いおしろおだ》を刈り乱り田盧《たぶせ》に居《お》れば都し思ほゆ

（『万葉集』巻八　一五九二）

この歌は大伴坂上郎女が飛鳥《あすか》の地にある竹田庄《たけだ》（奈良県橿原《かしはら》市東竹田町）という荘園で作った歌である。五〇〇代《しろ》（一町）というと一ヘクタール《ヘクタール》ほどの面積で、それほど広くない荘園ということになる。荘園の中に作った粗末な仮小屋（田盧）ですごし、稲の刈り取りもようやく終わって、稲藁《いなわら》を散らかしたまま都のことを懐かしむ想いをうたった。奈良時代の貴族社会でも上流に属した坂上郎女が、自ら秋の田の刈入れのために飛鳥の地まで出かけ、作業を見守るために荘園にこしらえた仮小屋に寝泊りしているのは、平安時代の貴族女性をイメージするとやや奇異に思えるかもしれない。

しかし、坂上郎女は、竹田庄のほか、跡見庄《あとみ》（奈良県桜井市外山《とび》のあたりか）の田荘《たどころ》にもしばしば出かけている。時には単身で、時には娘たちと飛鳥の荘園を訪れるのは、ただ貴族女性の別荘暮らしとか自然に親しむ風流のためではなかった。大嬢が母に同行し、家持に稲穂で作った縵《かずら》を贈ったのもやはり収穫の秋であったことは、母と娘が荘園経営を担っていたことを示している。

跡見庄の持ち主は、郎女の同母弟になる稲公だと考えられている（巻八　一五四九題詞）。竹田庄については「大伴家持、姑坂上郎女《おばさかのうえのいらつめ》の竹田庄に至りて作歌一首《つくるうたいっしゅ》」の題詞から、郎女自身の所有する荘園とみて間違いはない（巻八　一六一九）。家持は、少なくとも山城《やましろ》国久世《くぜ》郡に公田三十余町を、河内《かわち》国の茨田《まんだ》郡・渋川《しぶかわ》郡に五五町の領地を所有していたことがわかっている（三善清行《みよしきよゆき》『意見封事十二箇条』にみえる家持の没官田《もつかんでん》）。跡見庄や竹田庄は、大伴氏のというより稲公・郎女個人の所有する領地で、母石川郎女から譲られた土地の可能性も高い。稲公は天平一三年（七四一）に因幡守《いなばのかみ》として任地へいっているため、郎女は自分の田地のほかに弟の荘園の管理まで任されていたのだろう。

奈良時代の貴族は、積極的に地方を巡ることが多かったうえ、都にいても政務に多くの時間をとられていたから、自己の領地経営は他人に委ねていた。三位以上の貴族なら朝廷から「家」を認められ政所《まんどころ》をもつことを許されたから、政所の家司《けいし》が荘園経営にあたることができた。しかし、それ以下の身分の場合は身内、特に妻や姉妹があたることになったのだろう。

大伴一族でいえば、天平初年の段階で律令的「家」を持てたのは旅人だけで、旅人が亡くなった後、公的政所は閉鎖された。旅人所有の領地の経営は誰に委ねられたのか。一家の長老は大家《おおとじ》と呼ばれた石川郎女だが、すでに体調をこわし老齢であったし、宿奈麻呂は没していた可能性が高い。坂上郎女は佐保邸に移り住み、母石川郎女に代わって、旅人の遺産管理と家持の養育とを引き受けた。『日本霊異記《にほんりょういき》』下巻二六話に登場する讃岐《さぬき》国美貴《みき》郡の郡司《ぐんじ》の妻田中真人広虫女《たなかのまひとひろむしめ》は女性史ではよく取り上げられる女性である。広虫女は、馬牛、奴婢《ぬひ》、種籾《たねもみ》、銭などの動産と田畑を、夫とは別に彼女個人で所有しており、この財産を元手に稲や酒を出挙《すいこ》して莫大な利益をあげていた。郎女は広虫女ほど露骨ではなかったにしても、同じような活動をおこなっていたと思われる。

坂上郎女の仕事はまだまだ多い。佐保邸には親族のほかに、新羅《しらぎ》の尼理願《りがん》が父親の代から寄宿していた。佐保邸の敷地のなかに持仏堂のようなものがあったのだろう。天平七年(七三五)、この尼が急病で亡くなったときには、有馬温泉への湯治《とうじ》で留守をしていた母に代わって、理願をみとり、葬儀一切を取り仕切った(巻三　四六一左注)。家刀自《いえとじ》である母の代行をなし終え、有馬温泉の母へ報告の長歌を送っている。さらに、天皇への献上品に和歌を添えて、内舎人《うどねり》となって天皇の身近に仕える家持を支えた。坂上郎女が後宮に出仕した様子はうかがえず、公の席に出ることは大宰府《だざいふ》でもなかった。彼女は佐保大納言家の維持と子女の教育に忙殺されていたに違いない。

また、天平五年（七三三）の一一月、大伴氏の氏神祭祀《うじがみさいし》を主催するのも郎女であった。一一月は宮中では鎮魂祭《ちんこんさい》に続いて新嘗祭《にいなめさい》がおこなわれ、民間では霜月祭と総称される収穫祭、氏神祭がおこなわれる。大伴氏は天孫降臨《てんそんこうりん》を先導した天忍日命《あめのおしひのみこと》を祖先神とする。奥山から採った賢木《さかき》の枝に白い木綿《ゆふ》（コウゾの皮をはぎその繊維をさいて糸にした幣《へい》）をくりつけ、斎瓮《いわいべ》という底のとがった甕《かめ》を地中に埋めて、竹を輪切りにしてつくったネックレスをかけ、神衣《かみごろも》を着て膝を曲げて祈る。

氏神祭祀は氏上《うじのかみ》（一族の長で朝廷が認定する）の役目で、神祭を掌握するのは男性の仕事であったとする見解がある（東茂美『大伴坂上郎女』笠間書院　一九九四年）。確かに、中国の既婚女性が祖先祭祀の準備はしても、祭祀に参加できるのは男性だけであった。しかし、日本の古代では女性が祭祀を執り行うことが多かった。後のことになるが、藤原氏の山城国における氏神である大原野《おおはらの》神社の大祭には、氏を代表する女性（この場合には中《ちゅう》宮《ぐう》）が必要であるからとして、出家した中宮定子《ていし》に代わって、彰子《しょうし》を中宮につけることを藤原行成《ゆきなり》が進言している。氏神の祭には氏の刀自が必要とされたことがわかる逸話だ。

郎女は、天平九年（七三七）の疫病が大流行した年の夏、山城の賀茂《かも》社まで参詣にいき一族の無病息災《むびょうそくさい》を祈った。また、天平一八年七月、家持が越中《えっちゅう》守となって任地に赴くときには、

草枕旅ゆく君を幸《さき》くあれと斎瓮《いわいべ》すゑつ吾が床の辺《へ》に　（『万葉集』巻一七　三九二七）

と、家持の旅の無事を祈って枕元に斎瓮を据えた。一族の者の健やかなることを祈る役目は郎女の担う重要な役割であった。

大伴氏と佐保大納言家

ここまで、大伴氏とか一族とかいうことばを使ってきたが、坂上郎女が刀自としての役割を果たす範囲について考えてみたい。大伴氏は、天孫降臨の際に、ニニギノミコトを先導した天忍日命《あめのおしひのみこと》からはじまるという伝承をもつように、六世紀以前から大王直属の軍事的伴造《とものみやつこ》として、大和大王家内部で大きな力を持っていた。五四〇年百済《くだら》への任那《みまな》四県割譲《かつじょう》問題で大連金村《おおむらじかなむら》が失脚してからは、蘇我氏の台頭の中で大連の名誉をあたえられることはなかったが、古来の名族、伴造の大首長として、軍事力を背景に潜在的な力を保ち続けた。大化《たいか》の改新《かいしん》後、坂上郎女の祖父長徳《ながのり》は右大臣の要職についていた。

六七二年の壬申《じんしん》の乱では、長徳の息子御行《みゆき》、安麻呂《やすまろ》兄弟は、叔父の馬来田《まくた》、吹負《ふけい》と共に大海人《おおあま》皇子の別働隊として飛鳥の地で挙兵、大海人皇子勝利に大きく貢献し、軍事貴族としての名を高めた。しかし、藤原不比等が歴代の天皇の信任を得て、不比等と彼の息子たちが政権の中枢を占める中で、大伴氏では御行・安麻呂・旅人が最高位で大納言という状況となった。この間の氏上を誰が担ってきたのかはっきりしたことはわからないが、朝廷での席次からいえば、馬来田、御行、安麻呂、旅人、牛養《うしかい》、古慈悲《こじひ》の順番で氏上が受け継がれたと考えられる。

坂上郎女の交際範囲をみると、大伴氏といっても祖父長徳から分かれた人々に留まっている。長徳の弟、馬来田・吹負の流れにある道足《みちたり》、牛養、古慈悲らの名前も『万葉集』に登場するものの、いずれも朝廷における官吏としての交際にすぎない。大伴氏一族といっても、実態としては二世代前に作られたそれぞれの「家」でなかば独立した暮らしをしていたように思われる。坂上郎女としては長徳の流れをまとめることに、刀自の役割を限定して、その内部の安寧《あんねい》を神に祈り、一族内での結婚を奨励し、資産の管理をおこない、宴会を催していたのである。

皇女の結婚

但馬皇女の恋

坂上郎女《さかのうえのいらつめ》の初婚の相手穂積親王《ほづみしんのう》は、かつて但馬皇女《たじまこうじょ》の恋の相手であった。

人言《ひとごと》を繁《しげ》み言痛《こちた》み己《おの》が世《よ》にいまだ渡《わた》らぬ朝川《あさかわ》渡る　（『万葉集』巻二　一一六）

人の噂をうるさく煩わしく思って、私の生涯にまだ渡ったことのない朝の川を渡る。

『万葉集』の相聞歌《そうもんか》の中でも人気のあるこの歌は、「但馬皇女の高市皇子《たけちのみこ》の宮に在《あ》りし時に、窃《ひそ》かに穂積皇子に接《まじ》はりし事、既に形《あら》はれて御作りたまひし歌一首」と題詞にあるように、高市皇子の宮に住んでいた皇女が、穂積皇子と激しい恋におちたときのものである。まだ夜の明けやらぬ時に、高市皇子の宮から抜け出して、穂積皇子のもとへ忍んでいった時の歌だという。高市皇子、穂積皇子、但馬皇女の三人は、共に天武《てんむ》天皇の、母を異にする兄妹である。高市皇子は、壬申《じんしん》の乱《らん》の英雄としてまた皇親《こうしん》の筆頭として、朝廷に重きをなしていた。高市皇子は六五四年生まれで、穂積親王より二〇歳以上年長、天武五年（六七六）には天智の皇女御名部《みなべ》皇女との間に長屋王《ながやおう》をもうけている。御名部皇女は、阿倍《あべ》皇女（元明女帝《げんめい》）の姉にあたる。阿倍皇女は六六一年生まれなので、御名部皇女は高市皇子より四、五歳くらい若かったと考えられる。穂積皇子も但馬皇女も、高市皇子の息子の長屋王と同じくらいの年だった。

先にあげた坂上郎女も穂積皇子の宮に「嫁」しており、長屋王邸では王と吉備内親王《きびないしんのう》が同居しているように、皇親の家では夫と妻が同居することが多かった。御名部皇女が但馬皇女の死後も生存していたことは確実で、この歌のような事件が起きたとき、高市皇子の宮には母と娘ほどの年齢差がある皇女がふたり住んでいた可能性がある。歌の激しさから、但馬皇女は夫を裏切って恋人のもとへ走る人妻と解釈されることが多いが、保護者を亡くした但馬皇女が、異母兄高市に引き取られていただけだという説が古くからある。

長屋王の屋敷

ところで、長屋王邸跡出土の木簡《もっかん》によれば、長屋王邸には正妻の吉備内親王以外に、石川夫人《いしかわふじん》と阿倍大刀自《あべのおおとじ》といった王の配偶者が住んでいたといわれる。八世紀段階では、複数の妻たちがひとつの屋敷に同居していたと考えるべきなのだろうか。同じ長屋王の妻たちの中に、藤原夫人と称され安宿王《あさか》ほか四人の母になった女性がいる。彼女は藤原不比等の二女で、神亀元年（七二四）に従三位《じゆさんみ》に昇った長娥子《ながこ》と推測される。この藤原夫人は長屋王家木簡にまったくあらわれない。不比等の娘で東宮《とうぐう》（天皇）妃の姉である藤原夫人は、長屋王邸には居住しなかったようである。

石川夫人と阿倍大刀自ふたりの系譜はまだわからない。しかし、後述するような平安時代の婚姻習俗から考えて、正妻制の確立していない八世紀段階で、有力貴族を背景にもつ女性たちが、ひとりの夫のもとで同居していたとは考えにくい。石川・阿倍という有力氏族の氏名を名乗っていても、彼女たちの出自が藤原夫人より格段に劣る、使用人身分の妾だったと考えれば、矛盾することもないのだが、さらなる木簡の発見がなければ確実なことはいえない。

奈良時代までは、天皇と妃《きさき》たちは別の場所に宮を構え、平安時代のような後宮という空間を形成することはなかったことが明らかになっている。皇女キサキはもちろんのこと、有力な実家をもつキサキたちは、独立した屋敷を構えることが一般的だった。このような社会でひとつの屋敷の中に同格のふたりの皇女が、同じ待遇の〝妻〟として暮らすことは考えにくい。但馬皇女にとっての高市皇子は、天武皇子女一族の長老として、皇女を保護し責任をもつ立場にあったと考えるほうが、より当時の状況を正しく伝えている。

なお、藤原宮跡から「多治麻内親王宮政人正八位下《たじまないしんのうのみやせいじん》　下陽胡甥《しもやこのおい》」と記された木簡が出土している。但馬皇女も藤原京では単独で宮を構えていたことがわかる。六九六年に高市皇子が亡くなった。歌の事件の直後か高市の死の後に、但馬皇女は単独で宮を構えたに違いない。

内親王の結婚制限

さて、皇女の結婚には非常に強い規制がかけられていた。継嗣《けいし》令《りょう》四条に、

凡《およ》そ王《おう》、親王《しんのう》を娶《ま》き、臣《しん》、五世《ごせい》の王を娶くこと聴《ゆる》せ。唯《ただ》し五世の王は、親王を娶くこと得《え》じ。

という規定がある。諸王（ここでは天皇の孫を二世王として、四世王までの実質的皇族）が内親王以下の皇族と結婚すること、臣下（皇族以外）が五世女王（女王の名称を名乗ることは許されるが、皇族としての特別待遇は受けられない）以下の王名をもつ女性と結婚することを許可する。ただし、五世王については内親王との結婚はできない（二世女王以下ならば可能）という内容である。これを女性皇族の側からいえば、内親王は四世王以上の皇族内からしか結婚相手を探すことができず、内親王以外の皇族女性も臣下とは結婚できず、五世王という選択肢が広がるだけとなる。ところが、男性の親王や諸王は一般氏族の女性と自由に結婚できるという、きわめて一方的な内婚制をとっている。皇女を皇族以外とは結婚させないという規定は、婚姻規制のゆるやかな古代日本にあって、ほとんど唯一といっ

てもよいタブーであった。

この規定は非常に厳格に守られ、延暦一二年（七九三）九月に藤原氏だけは二世女王との結婚を許された。しかし、この勅によって婚姻規制が緩められても、なかなか女王と臣下との結婚は実現しなかった。ようやく三〇年ほどもたった弘仁末から天長初めころ、藤原北家内麿《うちまろ》の十男衛《まもる》と恒世《つねよ》親王（淳和《じゅんな》天皇と高志《こし》内親王との間にうまれた皇子）の女王が結婚した。二世女王と臣下との結婚のはじめである。同じころ、良房《よしふさ》には臣籍降下《こうか》して源朝臣《みなもとのあそん》になっていた嵯峨《さが》皇女の潔姫《きよひめ》が配された。

基経《もとつね》以降、藤原北家《ほっけ》で摂政関白《せっしょうかんぱく》の流れは、親王の娘を妻とすることが慣例のようになった。藤原氏の娘を天皇家に入れ、天皇家の女王が藤原摂関家にはいることによって、天皇家と摂関家は二重の姻戚関係を結び、藤原氏は擬似皇族ともいえる存在になる。天暦五年（九五一）ころ、師輔《もろすけ》は村上《むらかみ》天皇皇女の康子《やすこ》内親王を正妻として、自己の坊城第《ぼうじょうだい》（九条邸）に迎えることに成功した。内親王がはじめて公式に臣下の妻となったのである。

皇女キサキの重要性

内親王の結婚に厳しい制限があれば、当然、未婚の内親王が増加する。上野千鶴子は、上昇婚による一方向への「女のフロー」の流れの上端に未婚の皇女があらわれることを当然なものとみなす。その結果、未婚の皇女にとっては異母兄弟だけが結婚の対象となった。上野は安康《あんこう》天皇のころから、異母キョウダイの結婚が増え始め、「神話的ディスクールはこの第Ⅲ期族内婚（安康〜持統《じとう》）を文化理想として到達点に置いている」と、天皇家の族内婚の増加を認めている（『構造主義の冒険』勁草書房　一九八五年）。天皇家（大王家《おおきみ》）の族内婚がいつから始まったかについては、允《いん》恭《ぎょう》朝からとか、欽明《きんめい》朝からだとかいう説もある。しかし、実在が確実視される崇神《すじん》の代から、皇族内婚は記紀《きき》全体に繰り返しあらわれてくる。なお皇女（内親王）と王女（女王）とが明らかに差別化されるのは、大宝令《たいほうりょう》制からであって、その直前まで皇女と王女との間にほとんど差はなく、皇族（王族）の女であることだけが問題とされている。しばらくの間は、皇女と王女とを区別しないで述べていきたい。

応神《おうじん》・仁徳《にんとく》系の天皇は、皇女を妻に迎えることに汲々《きゅうきゅう》とし、結婚に失敗するときわめて弱体化する逸話が繰り返し記されている。大化《たいか》前代で皇族ではない母親から生まれた天皇に、履中《りちゅう》・反正《はんぜい》・允恭・清寧《せいねい》・顕宗《けんぞう》・仁賢《にんけん》・継体《けいたい》・安閑《あんかん》・宣化《せんか》・用明《ようめい》・崇峻《すしゅん》・推古《すいこ》がいる。これらの天皇すべてが弱体な王というわけではなかった。しかし、皇女を妻に迎えられなかった反正・清寧・武烈《ぶれつ》・崇峻の系統は完全に断絶した。継体天皇が即位できたのは、手白髪皇女《たしらがのひめみこ》と結婚したからであり、欽明天皇は安閑・宣化兄弟との対立に勝ち残った後、宣化の皇女をすべてキサキに取り込んだ。

小林茂夫が主張するように、天皇は、皇王女を妻にして、はじめて皇位の安定を保障されたと考えられる状況がみてとれる（『周縁の古代史』Ⅰ妹の力・婚姻・子ども　第二章　有精堂　一九九四年）。この理由について、倉塚曄子は、皇位継承者にライバルがいる場合、ライバルの霊的守護者となる同母姉妹を妻として自己の側に取り込むことによって、心理的安定がもたらされるという重要な指摘をしている（『巫女《みこ》の文化』平凡社　一九七九年）。吉田晶は、亡くなった大王《おおきみ》の霊を次代の王に付与することが大后《おおきさき》の役割であり、このた

継体・欽明朝系図

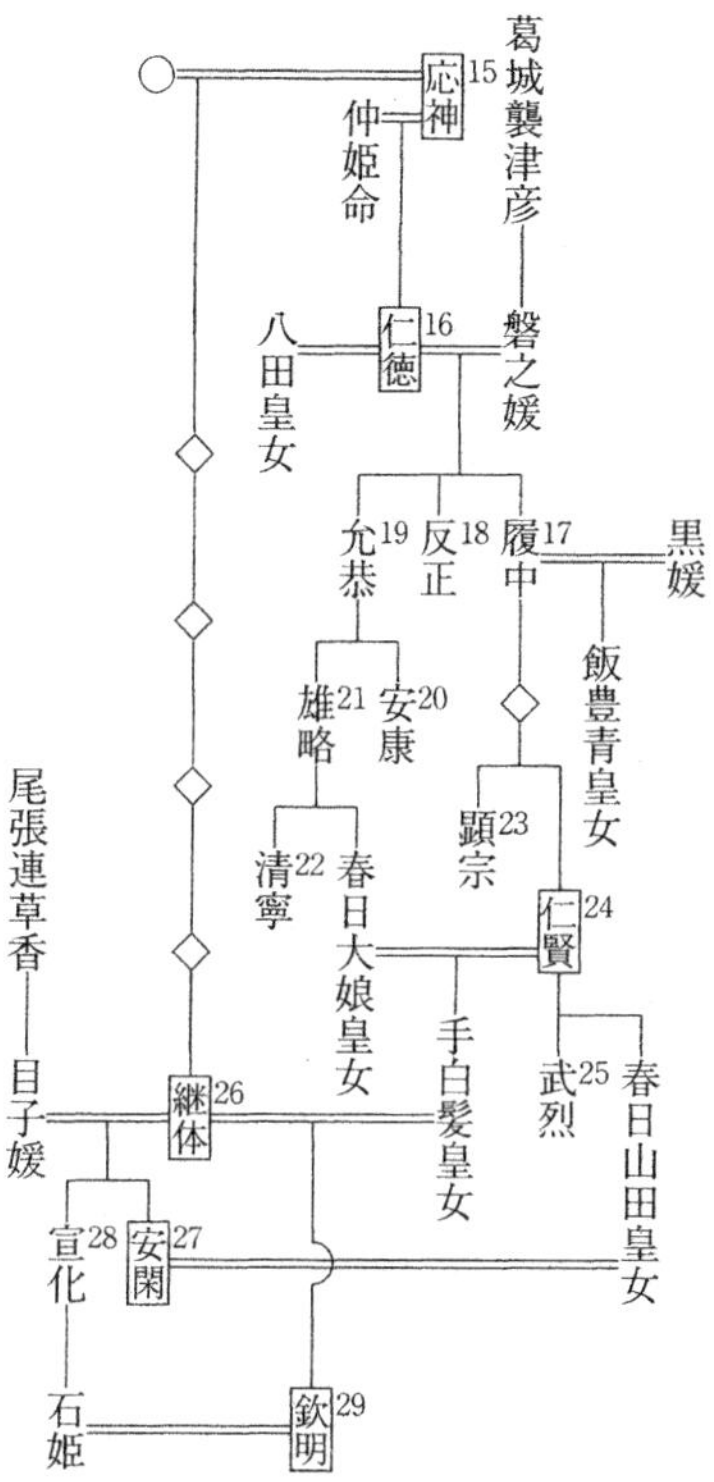

め大后は、大王家の血統にもっとも近い王族の出身で、新しい大王の母であったという特殊な力が、王権にとって必要なものとされたことは疑うことはできない。

（「古代国家の形成」『岩波講座日本歴史』2　岩波書店　一九七五年）。確かに皇族の女のもつ

ている。

仁徳天皇のキサキ葛城磐之媛《かつらぎのいわのひめ》は、臣下の出身ではじめて皇后になったと記紀に記されている。磐之媛は、仁徳の愛した女たちを夫のそばから追いやったことで、夫からも恐れられるほど強い女性であり、嫉妬深い女の代表のようにいわれてきた。『古事記《こじき》』は磐之媛を、仁徳という聖帝伝承と対になる強い大后の物語として書いている。しかし、『日本書紀』では磐之媛の個性は薄められ、代わって八田皇女《やたのひめみこ》が皇后らしい皇后、皇女の誇りを身につけた皇后として描かれる。書紀の磐之媛は、八田皇女の出現によってキサキの座を脅かされ、実家に戻ることを余儀なくされた女である。他の氏族出身のキサキたちと同様に、天皇の傍らから逐《お》われたキサキにすぎない。強い女性であるはずの磐之媛がことさらに嫉妬するのは、逆に磐之媛の地位の不安定性を示すものだといえる。

氏族出身のキサキたちは天皇の母にはなれても、天皇の配偶者としての立場を確立できず、いつも皇族の女たちの出現に怯《おび》えていたのである。磐之媛の嫉妬は皇族以外の氏から入ったキサキたちの嫉妬でもあり、氏族キサキの不安定さを示すものであった。

皇族キサキが求められるのは時代が下っても変わらなかった。特に、欽明朝から王族内

で異母キョウダイ婚が一気に増える。これは朝鮮半島や中国大陸からの圧力、そして蘇我氏の台頭による王権の不安定さと無関係ではない。しかし、一番の原因は内乱の結果、王族のメンバーには欽明の数多い子どもたちしか残されていなかったことにある。ただ、異母キョウダイ婚で生まれた皇子や皇女に対しては、何か抵抗感があったらしい。大林太良が指摘するように、天皇と異母姉妹との子が皇位についた例はない（大林太良「親族構造の概念と王家の近親婚」大林太良編『日本の古代』十一　中央公論社　一九八五年。吉田敦彦《あつひこ》『神話と近親相姦』青土社　一九八二年）。皇子と皇女との異母キョウダイの間に生まれた舒《じょ》明《めい》天皇について、推古は皇位継承者にすることを臨終《りんじゅう》間際までためらい、山背大兄王《やましろのおおえのおう》との抗争が起きた。この間に蘇我氏の勢力が伸張して王権の危機を招いたのは、舒明の血統に対する忌避感が当時の政局に影響を与えた可能性がないとはいえない。舒明は、先夫との間に子どもまでいた宝皇女《たからのひめみこ》（皇極《こうぎょく》天皇）をキサキにむかえて、ようやく皇位を維持することができた。

正妻キサキ・皇后の誕生

複数の皇王女キサキの中から、「皇后」として他のキサキと明らかに異なる位置に立ったことが史料上明らかになるのは、鸕野讃良皇女《うののさららのひめみこ》（持統）をはじめとする。天武八年（六七九）五月、天皇は吉野離宮において、自分の皇子三人と天智の皇子二人を集めて、皇親が団結して天皇を助けることを誓わせた。天皇は「朕《ちん》が男等《おのこら》、各《おのおの》異腹《いふく》にして生まれたり。然れども今一母同産《いちぼどうさん》の如く慈《いつくし》まむ」と語り、皇后も同じく皇子たちに誓った。皇后は、自分が生んだ草壁皇子《くさかべのみこ》だけではなく、他のキサキが産んだ皇子たちや天智の皇子たちまでに、母として対峙したのである。皇后は天皇のキサキたちのトップに立つ存在であることはもちろん、皇后は天皇と一対《いっつい》としての唯一の正妻であり、すべての皇子・皇女にとって、天皇は公の父、皇后は公の母となることを意味した。この後、皇后は天皇と共に大極殿《だいごくでん》に出席するようになる。また、皇子皇女が元日の拝礼をおこなうのは、「母」なる皇后だけに限るとされた。皇后の位置は明らかに従来と変わったのである。

もちろん、これ以前から皇女キサキは天皇家内部で特殊な場を占めてきた。特に、皇位継承において皇女キサキが強い発言権をもち、王権の危機に際してはキサキのまま称制《しょうせい》(天皇の代行)をおこなったり、即位して天皇となることもあった。しかし、皇女キサキという側面よりも、天皇の正妻皇后として、天皇と一対になって公の場に登場するのは、持統皇后によってはじめてなされたことである。

大宝令では中国にならって後宮の妃嬪《ひひん》の数を定め、皇后の地位を特定した。しかし、一方で、中国の外婚制の原理を完全に無視して、皇后と妃《ひ》を内親王に限るという規定を盛り込んだのは、大和王権発足以来の王権の特殊な事情による。従来の天皇は、氏族出自のキサキによって畿内《きない》有力豪族との融和を保ち、皇女キサキによって王権の正統性と安定とを維持してきた。これに対して天武天皇は、壬申《じんしん》の乱《らん》を共に戦い、新たな政治体制を樹立するためのパートナーであった持統を、ただ一人の正妻として皇后に立てた。ここに中国的一夫一婦の婚姻原理と日本的な皇族内婚制とを結びつけた日本独特の皇后が誕生したのである。

皇女キサキのその後

律令制の導入後しばらく、律令条文にかなった皇后が立つことはなかった。文武《もんむ》には皇女キサキは入らず、聖武《しょうむ》に至っては、母も妻も皇女ではなかった。聖武天皇が光明《こうみょう》皇后を立后するためには、長屋王を排斥《はいせき》し、言い訳めいた長文の宣命《せんみょう》を発しなければならなかった。藤原広嗣《ふじわらのひろつぐ》の乱の後に聖武が各地を彷徨《ほう》するのも、大仏建立《こんりゅう》や国分寺《こくぶんじ》・国分尼寺《こくぶんにじ》を建立したのも、聖武の不安定な心を表した行動だったと考えれば納得がいく。聖武の皇女である孝謙《こうけん》（称徳《しょうとく》）天皇と、母が当麻《たいま》氏にすぎない淳仁《じゅんにん》とでは皇権の強さに明らかな違いがある。孝謙上皇によって淳仁が退位させられたことは、皇女である女帝と皇女の後見を得られない男帝との違いを示す。

称徳女帝の嗣《あと》に光仁《こうにん》天皇が即位できたのは、聖武の皇女井上《いのえ》内親王を妻としていたからである。しかし井上内親王は、山部《やまべ》親王（桓武《かんむ》）即位を望むグループにとっては邪魔な存在でしかなく、皇后位を奪われ暗殺された。もうひとりの聖武の皇女不破《ふわ》内親王も称徳朝

平安初期天皇系図（**太字**は異母兄と結婚した内親王）

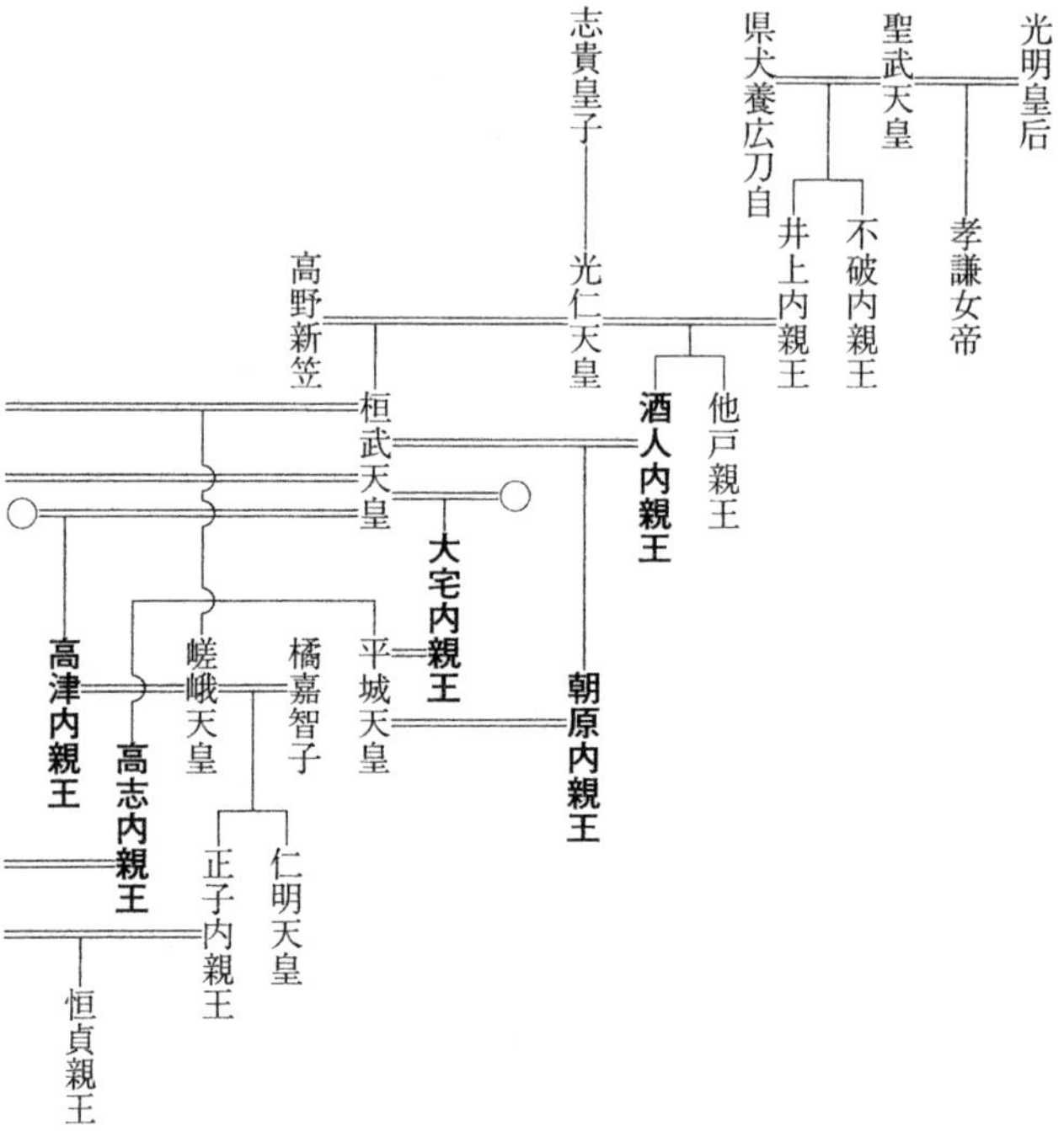

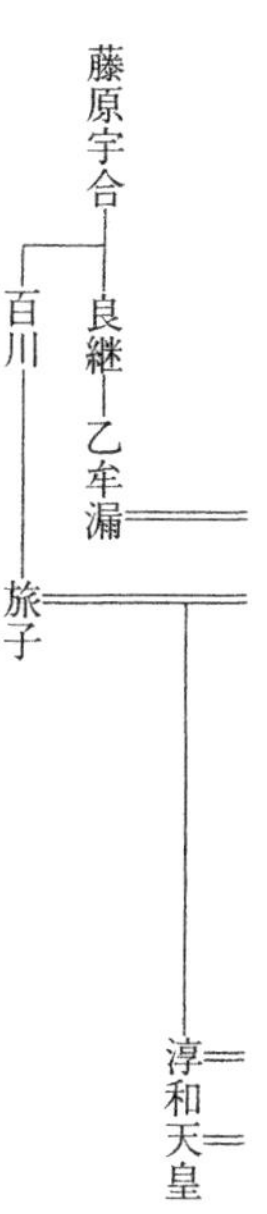

末から何度も政争に巻き込まれて結局配流《はいる》されてしまう。五・六世紀の大王たちは、自己の大王位を安定させるために、聖性をもつとみなされた王女をキサキにしようとして争った。井上・不破のふたりの皇女も、それぞれの配偶者が皇位継承候補とみなされ、天皇位を巡る争いの具にされてしまった。

新しい王統の創始者桓武天皇は、正当な後継者であった他戸《おさかべ》親王と、その母井上内親王とを排除してようやく皇位に就いた。桓武は、母井上の死によって斎宮を解除された異母キョウダイの酒人《さかひと》内親王、つまり天武系の血統を継ぐ唯一の皇女をキサキとすることによって、即位の正統性を主張した。桓武は、皇太弟早良《さわら》親王を廃して実子の安殿《あて》親王（平城）を東宮にする際に、酒人内親王の娘朝原《あさはら》内親王を伊勢から呼び戻して東宮のキサキとし、嵯峨・淳和にも異母キョウダイのキサキを配した。忌避される傾向のあった異母キョウダイ婚であっても、皇統を守るためには、皇女キサキの存在こそ不可欠である。桓武はこのような思いにつき動かされたようだ。桓武の皇統が安定した後、このように濃密な異母キョウダイ婚は終焉する。

その後、前期摂関期には皇后を立てない天皇が続く。皇后は単なるポストに過ぎない存在となって、皇后と中宮が並立されたり、天皇の妻ではない皇后が当然のように存在したりした。皇女キサキがもっていた皇位を安定化する力は、幼い天皇を後見する国母とその背後にいる摂関によって薄められてしまったようにみえる。しかし、聖武以降で唯一内親王を母にもち、さらに内親王を中宮とした後三条天皇が、摂関に対抗して院政への道を開いたのは、古代の皇女がもつ聖性が、いまだに天皇の深奥に宿っていたからだと考えたくなる。

さまざまな家族

平安貴族を中心に

藤原兼家の子育て

『蜻蛉日記』作者の結婚

右大臣《うだいじん》藤原師輔《ふじわらのもろすけ》の御曹司《おんぞうし》兼家《かねいえ》が、美人の評判の高かった藤原倫寧《ともやす》の娘に求婚したのは天暦八年（九五四）の秋のころであった。倫寧は大学の文章《もんじょう》生《せい》出身で、各地の国司《こくし》を歴任するかたわら小野宮家《おののみやけ》の家司《けいし》も勤めていた。兼家が倫寧の娘と結婚した直後に、倫寧は陸奥守《むつのかみ》に任じられた。このことで倫寧は娘を差し出して、陸奥守のポストを手に入れたと解説されることがある。確かに、『蜻蛉日記《かげろうにっき》』には、「柏木《かしわぎ》の木高《こだか》きあたり」、高貴な身分の方からの求婚と記されている。しかし、このころ兼家の父師輔は右大臣であっても、兼家自身は従五位下右兵衛佐《じゅごいのげうひょうえのすけ》の官位をもつ三男坊に過ぎなかった。とても陸奥守の人選に口を挟める身分ではない。実際のところは、倫寧は結婚適齢期にある娘を数年間も陸奥へ連れて行くわけにもいかず、娘の求婚者の中から、少々条件は悪くても将来性を見込んで、兼家を選んだと思われる。求婚から結婚までのあわただしさは、このような事情があった。

条件の悪さというのは、兼家の官位だけではない。このとき兼家にはすでに時姫《ときひめ》という妻がいた。時姫には中関白《なかのかんぱく》といわれる道隆《みちたか》と、冷泉《れいぜい》天皇の女御《にょうご》となり、三条天皇、為尊《ためたか》・敦道親王《あつみちしんのう》の母となる超子《ちょうし》が誕生していたと思われる。作者との結婚後も、時姫は道兼《みちかね》、詮子《せんし》、道長《みちなが》の母となっている。道隆、道兼、道長は摂政ないし関白となり、超子、詮子は天皇のキサキでかつ母親になった。時姫の父親は従四位上右京大夫摂津守藤原中正《じゅしいのじょううきょうのたゆうせっつのかみふじわらのなかまさ》で、作者の父倫寧と変わらない身分の、いわゆる受領《ずりょう》階級である。しかし、時姫との結婚は社会的認知を受けており、正妻として扱われる存在だった。正妻とは何かについては、次章「正妻制の成立」で詳しく述べる。

「本朝第一、三美人の内也」（『尊卑分脈《そんぴぶんみゃく》』）とか、「きわめたる和歌の上手」（『大鏡《おおかがみ》』）とか評された作者にしてみれば、自分のおかれた立場はきわめて納得のいかないものだったろう。彼女の回想録ともいうべき『蜻蛉日記』には、不安定な結婚状況からうまれる飢餓感、賽《さい》の河原《かわら》の石積みのように、兼家の愛情を求めても求めても満たされない思いが綴られている。

兼家と結ばれて一年、息子道綱《みちつな》が誕生した。作者にとっては生涯でただひとりの子どもである。この間に兼家は、町の小路の女を愛人とした。町の小路の女は、室生犀星《むろうさいせい》の小説『かげろふの日記遺文』のモデルとされる女性だが、実際には「孫王のひがみたりし皇子の落胤《らくいん》」、時流にはずれた親王の娘という身分高い女性である。それ以外にも兼家は、宰相《さいしょう》源兼忠《みなもとのかねただ》の娘や藤原忠幹《ふじわらのただみき》の娘との間に子どもをつくり、村上《むらかみ》天皇皇女保子《ほうし》内親王や円融《えんゆう》天皇の更衣《こうい》だった中将御息所《ちゅうじょうのみやすどころ》と一時的な愛情関係をもって世間の非難を浴びる。

また、時姫の死後には近江《おうみ》という女性を自邸に入れた。彼女は「対の御方《たいのおんかた》」と呼ばれ、綏子《すいし》（三条天皇女御）の母となった。近江は男性を虜《とりこ》にするような魅力溢れる女性だったらしい。兼家の愛人になる以前には藤原実頼《ふじわらのさねより》の召人《めしうど》であり、兼家の死後には長男の道隆を迎え、娘まで産んでいる。なお『大鏡』によれば、兼家の晩年に彼の身辺の世話をしたのは、大輔《だいすけ》という超子の女房であった。大輔も東三条《ひがしさんじょう》の屋敷に住んだが、もともとが使用人であったために、「権北方《ごんきたのかた》」、北の方のような妾という立場に置かれた。

作者の暮らした屋敷

作者が独身時代に暮らしていたのは、一条大路《いちじょうおおじ》の北側左近《さこん》の馬場《ばば》に隣接する屋敷であった。この屋敷に結婚後一〇年以上も兼家が通っていた。この一帯には、清和《せいわ》源氏の祖となった経基王《つねもとおう》の一族が住んでいる。倫寧の母は経基王の娘で、源満仲《みなもとのみつなか》とは姉弟となる。この屋敷は経基王→作者の祖母→倫寧へと相続されたようだ。作者の姉は夫の屋敷に移り、倫寧は地方生活がほとんどで、たまに都

『蜻蛉日記』作者関係系図

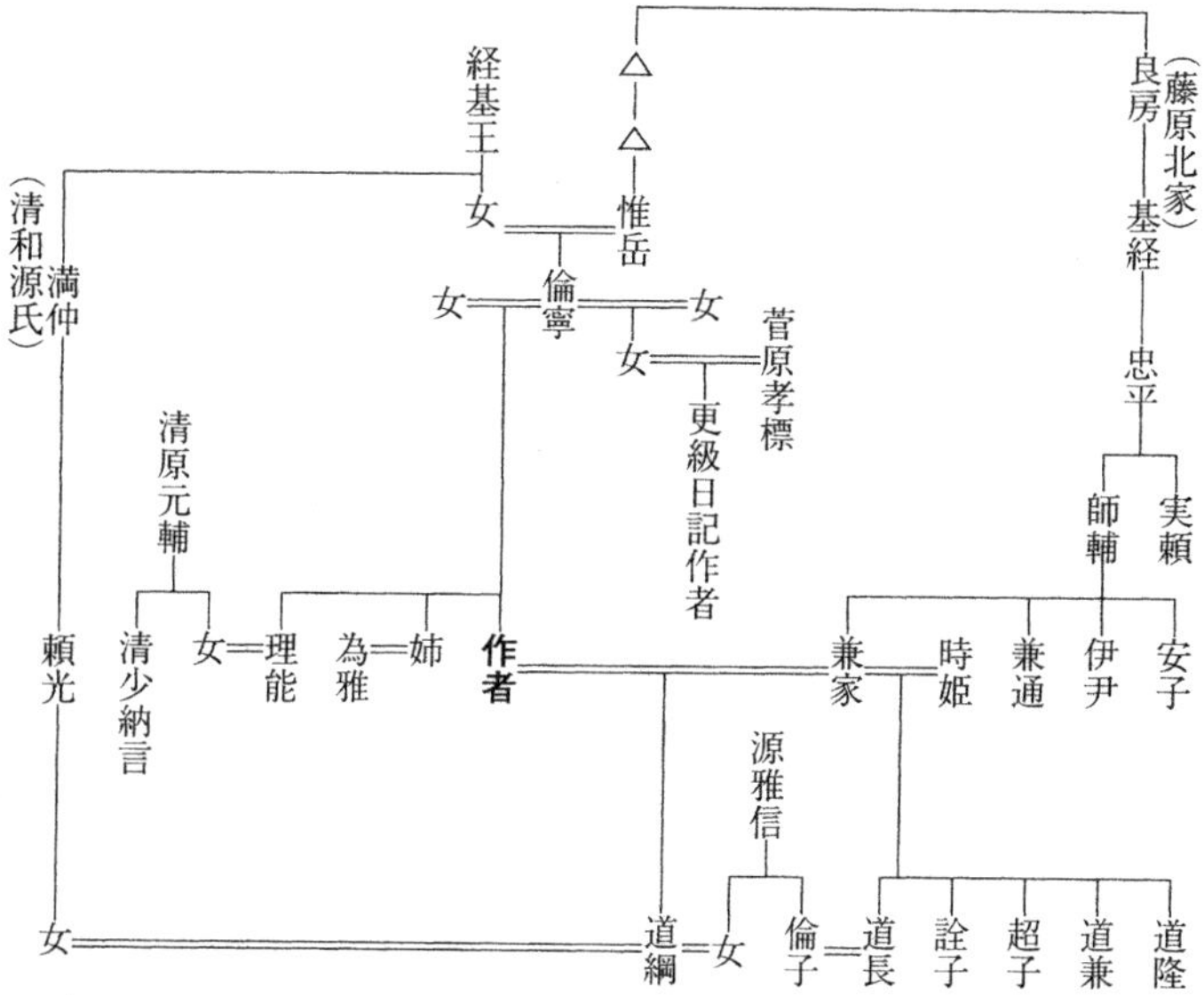

へ帰ったときは、四、五条あたりの家を使った。四、五条あたりの家は『源氏物語』の夕顔《ゆうがお》が住んでいたような、賑やかな一画の手狭な家で、作者も時々方違《かたたが》えなどに利用する。この家で倫寧は、副妻(ないし後妻)と暮らして娘をもうけた。『更科日記《さらしなにっき》』の作者は、この娘と菅原孝標《すがわらたかすえ》との間に生まれた女の子である。

康保元年(九六四)に母が亡くなった後も、作者は叔母や兄と同居しており、兼家は相変わらず宮中勤務の帰りに作者の屋敷を訪れる生活だった。しかし、康保四年、頭中将《とうのちゅうじょう》に昇進した兼家は急に多忙となり、「ところどころなる、いとさはりしげければ」と、自邸の近くに引き移らせた。この屋敷は兼家の所有するもので、時々兼家の妹貞観殿《じょうがんでんの》尚侍登子《ないしのかみとうし》が、宿下がりのときに西対《にしのたい》を利用した。

ところが、安和二年（九六九）の正月、正妻時姫の従者と作者邸の従者との間で乱闘騒ぎが起こる。「すべて近きがすることとなり」との作者の訴えで、兼家は作者を転居させる。

しかし、さらに半年後、作者は修理の終わった一条左近馬場の屋敷に戻る。このときの転居の理由はわからない。「めでたく造りかかやかしつる」東三条邸に移り、ますます昇進していく兼家との仲は、次第に冷却していったのだろう、このころから作者の社寺参詣が多くなる。『石山寺縁起絵巻《いしやまでらえんぎえまき》』にも描かれた石山寺へ参籠《さんろう》をしたり、鳴滝《なるたき》の山寺へ一月近く籠《こも》って、兼家に強引に連れ戻されたり、父と初瀬詣《はつせもう》でに遠出したりなどしながら、兼家との関係を見つめなおしている。

天延元年（九七三）七月、ついに作者は倫寧の助言に従って一条の屋敷を売り払い、父の別荘である広幡中川《ひろはたなかがわ》のほとりにある邸宅に移る。ここは「山近う、河原かけたるところ」で東門の前には水田が広がっているのどかなところであった。この屋敷に移転してからは、じかに兼家と顔をあわせることもなかった。

作者の二〇年ほどの結婚生活のうち、兼家の提供した屋敷に暮らしたのはわずか三年に

藤原道綱母の参詣

兼家との夫婦関係を悩み，石山寺に参詣した道綱母は，膝に水を注がれる夢を見たと『蜻蛉日記』に記した．(『石山寺縁起絵巻』より，石山寺所蔵)

満たない。作者の結婚生活はほとんど実家で過ごすものだった。しかし、この例をもって平安貴族の婚姻生活の典型と考えるのは大きな誤りである。作者は、副妻とか次妻とか呼ばれる存在であって、時姫や道長の妻倫子《りんし》とは異なる立場であった。作者の自尊心からか、作者の立場は日記の上には明確には示されていない。しかし、日記を仔細に読めばその状況はよくみえてくる。

父の子育て　平安貴族の子育ては、経済的な面も含めて母方の実家がおこなうというのが、一時通説となっていた。現在でもなお、このように語られることは多い。

私は、もう二〇年ほど前になるが、『蜻蛉日記』に垣間見《かいま》える子育ての描写から、父親の関与がずいぶんと大きかったことを発表したことがある（「藤原道綱母子と兼家の生活」『女性と文化』JCA出版　一九八四年）。ここでもう一度、道綱の成長と両親のかかわりについて述べておきたい。

道綱の誕生は天暦九年（九五五）の八月末、作者と兼家が結ばれてからほぼ一年後のことである。新婚当初こそ兼家は毎晩のように通ってきたが、町の小路の女や近江などとの関係が始まるたびに、通いの間隔は遠のき、二、三日おきから、七、八日おきに、そして月に三回ほどへと減っていく。幼い道綱は「いまこんよ」、すぐまた来るよ、と帰りがけに父の残すことばをまわらぬ口で真似ることが多く、作者の涙を誘う。幼い道綱にとって、父は常に身近にいる存在というよりも、たまに訪れる人にすぎない。父と母はよく夫婦喧嘩をし、とばっちりを受けた道綱が両親の間でおろおろすることもしばしばだった。

兼家が、「片飼《かたか》ひの駒《こま》」（片親育ちの子馬）と、道綱を不憫《ふびん》に思う長歌を詠んでいるところをみると、道綱との触れあいの少なさを気遣わなかったわけではない。作者もまた、病に臥《ふ》せったときは、兼家に遺言をしたためた。道綱が父親の顔色ばかり気にしておどおどしているから、道綱の前で機嫌の悪い顔をみせないでほしい、自分の死後は道綱を十分面倒みてやってほしい、と訴えた。作者にとって、道綱の養育を頼めるのは実家の父でも兄弟でもなく、父親である兼家だと感じていたからである。

安和二年（九六九）正月元旦、一五歳になった道綱は、ひとりで父の屋敷に年賀に出かけた。兄兼通を超えて公卿《くぎょう》に昇った兼家の屋敷には、「このごろ時《とき》の世《よ》の中人《なかびと》にて、人はいみじく多くまゐり込みたり」と、多くの貴族・役人が詰め掛けていた。道綱はこの後しばしば父の屋敷を訪れるようになる。鳴滝に籠ってしまった母と一緒に精進《しょうじん》に明け暮れる日々にも、疲れをおして毎日鳴滝と父の屋敷を往復した。元服《げんぷく》を控えた道綱にとって、父の屋敷に通うことこそが、大人になる社会化の術《すべ》だったのである。

一人前の貴族としての礼儀作法、言葉遣いを習い覚え、役所の仕事、宮中での心得、そして何より肝心な貴族社会の人間関係、こうしたものを身につけるのには、父の屋敷が最高の学校であった。兼家の屋敷には公卿から実務官僚、受領や侍までが常に訪れている。彼の屋敷は情報交換の場であり、政治の駆け引きが密談される所でもあった。このような家空間がもつ役割は、たまにしか父が訪れない母の屋敷にはなかった。道綱は兼家の邸宅に日参することによって、ようやく貴族社会の見習いが可能になった。

道綱の社会化

こうして道綱の大人への道筋は、父兼家の主導で整えられていく。この年の八月、道綱は童殿上《わらわてんじょう》した。童殿上というのは、元服前の有力貴族の子弟が清涼殿《せいりょうでん》に詰めて、殿上人の見習いをすることをいう。天禄元年（九七〇）の三月、内裏《だいり》でおこなわれる弓の団体戦、賭弓《のりゆみ》の射手《いて》に道綱が選ばれ、試合に勝ったときに舞う納蘇利《なそり》の舞い手にも指名された。舞は多好茂《おおのよしもち》という名人を師匠にして毎日練習が繰り返された。舞の試楽《しがく》（本番前の総稽古）は、母親が見物できるようにと作者邸でおこなわれ、さらに弓場《ゆば》がある兼家邸で弓と群舞をさらった。兼家自身の道綱への気配りは大変なもので、当日は早朝から作者の家にいって、舞の装束の支度を指揮し、道綱とチームメンバーを率いて参内した。道綱の大活躍で賭弓は引き分けとなり、道綱は納蘇利を見事に舞納めて天皇から御衣《おんぞ》を賜った。父と息子は上機嫌で牛車《ぎっしゃ》に同乗して作者のもとへ帰り、一部始終を報告する。次章「正妻制の成立」でみる道長の次妻の子どもへの差別的扱いと比べると、兼家の手放しの父性愛の発露は、兼家の天真爛漫《てんしんらんまん》な性格もさることながら、当時の兼家はひとりでも多くの有能な男子の手助けが必要な時期であったからであろう。このころが、作者にとって一番幸福な時代であったと思われる。

青年貴族としてのデビューは大成功だった。ようやく兼家は道綱の元服に本腰を入れる。円融《えんゆう》天皇の大嘗《だいじょうさい》祭を機会に、冷泉院《れいぜい》の推薦で叙爵《じょしゃく》（初めて従五位下を授けられること）できることになった。ここでも、叙爵のときにおこなう宮中でのあいさつ、拝舞《はいぶ》の作法の練習は兼家が直接指導している。八月一九日、作者の屋敷で元服の式があげられた。加冠《かかん》の役は従二位《じゅにい》源兼明《みなもとのかねあき》、道綱にとって十分すぎる人選だった。こうして道綱は兼家の息子、一人前の貴族として朝廷の一員となった。

安和二年（九六九）の安和《あんな》の変《へん》で左大臣 源 高明《みなもとのたかあきら》が左遷《させん》された。政権は藤原摂関家、中でも実頼《さねより》の一族に収斂《しゅうれん》されていく勢いであった。兼家にとって、政権の中枢に残れるか否かの瀬戸際、まさにこの大事な時に道綱の元服はおこなわれた。兼家の長女超子が冷泉天皇の女御となり、男皇子を産んではいたものの、円融天皇に譲位してしまったこの時期、兼家にとって真の味方といえるのは、叙爵して二年ほどの道隆ひとりであった。この段階では、時姫の産んだ道兼、道長、詮子はまだ幼い。兼家は道綱の成長を心から願っていたに違いない。自分を助け、自分の後継者のひとりとなる道綱の巣立ちのために、叙爵の日の参内から、叙任後のお礼廻りまで兼家はすべてに同行して、儀礼作法にひとつの誤りも犯さないよう、父親として助力、配慮を怠らなかった。

家計はだれが支えたか

『蜻蛉日記』の作者と道綱の生活はどのようにして成り立っていたのであろうか。歌人としての矜持《きょうじ》を保つ作者は、あまり経済のことを語ってくれない。それでも、ところどころで家計の負担について述べているところがある。

道綱の弓の先生を呼びにやり作者の前で、「なにくれとて、物かづくれば」と謝礼の品物を与える兼家に、つらい身の上であることを忘れてうれしく思う、と作者は述べる。最初の賭弓のときの、舞の師匠や弓の先生への謝礼はもとより、従者やチーム仲間への祝儀、振る舞いの食事や酒なども兼家の配慮でおこなわれたようである。

母親の四九日の法事の時も、「わが知る人、おほかたのことを行ひためれば、人々多くさしあひたり」と、法事はすべて兼家が取り仕切り、兼家におもねる参加者も多かった。その後の毎年の盆の供物《くもつ》も「年ごろは政所《まんどころ》ものしつる」、「例のごと調じて、政所のおくり文添へてあり」と、兼家邸の政所家司《けいし》によって整えられ届けられている。ただ、夫婦仲が冷えてくると、作者は自邸の女房まで巻き込んで盆の準備を心配するようになる。兼家の訪問が途絶えがちになった一条の家は、「住むところはいよいよ荒れゆくを」という有様になってしまった。そこで、作者は父倫寧と相談の末、一条の家を売り払って、父親の別荘に移るのである。

しかし、夫婦関係が完全に途絶えた後も、道綱の養育費は兼家が負担している。道綱が賀茂臨時祭《かものりんじさい》の舞人《まいびと》に選ばれれば「いかがする」といってよこし、「いるべきもの、みなものしたり」と、必要なものはすべて兼家が届けてよこした。作者の屋敷にいる「ここなるをのこども」、男の従者や、女房で手が足りないときには、兼家邸の従者が作者邸に手助けにいくなど、臨時の行事には兼家の政所を通して物品も人員も提供されている。

ところで、嫁の実家による婿への「かしづき」（生活全般の援助）の例として、絹糸の染から機織《はたおり》、そして仕立て上げた衣装が、妻の親から婿へ与えられるといわれることが多い。『蜻蛉日記』の中でも、兼家の着物を作者の家で仕立てる場面が何回か出てくる。兼家が町の小路の女に夢中になっているころ、兼家から仕立の依頼があった。母親は「あないとほし。かしこにはえつかうまつらずこそはあらめ」と、かわいそうに、あちらのお屋敷には上手に仕立ててくれる人もいないのでしょうとつぶやいた。ただ、この時は兼家の身勝手な振る舞いに腹を立てた作者が、布地を兼家のもとへ送り返している。

作者は衣服の仕立が巧みだったようで、中川の屋敷に移ってからも、何度か兼家は仕立物を頼み込んでいる。これらはすべて、布地は兼家から届けられ、作者はこれを仕立てるだけで、婿のために女の家ですべてを負担し奉仕したわけではない。当時は、貴族といえども数多くの着替えを持っていたわけではなく、季節ごとに洗い張りをしては仕立て直しをしていたという。裁縫の上手な女性は貴重な存在だったのである。

道綱のその後

元服したあとの道綱が、歴史に残した足跡を述べておきたい。最終官位は正二位大納言《しょうにいだいなごん》、時姫の子どもたちに比べるとずいぶんと見劣りがする。これは、母親が正妻でなかったことが大きく影響しているためといえる。しかし、道綱は当時の貴族同僚からの評判もかんばしくない。晩年の道綱は異母弟の道長に「自分は一家の兄である。一、二ヵ月貸してくれるだけでいいから、なんとか大臣に任命してほしい」と頼み込んだ。この件を聞いた藤原実資《さねすけ》は、道綱のことを「一文不通《いちぶんふつう》の人」が、大臣になった例はまだ聞いたことはないといった（『小右記《しょうゆうき》』寛仁三年六月一五日）。また、道綱を「素食尸位《そしょくしい》」と、仕事もできないのに大納言の収入だけは受け取っていると、けなしている（同、長和二年二月三日）。辛口の実資とはいえ、文字も読めない、高い官位の価値のない無駄飯食いとまでいうのは、よほど評判が悪かったのだろう。

確かに道綱の官歴は右馬助《うまのすけ》、左衛門佐《さえもんのすけ》、左近衛少将《さこのえのしょうしょう》など武官を歴任、『蜻蛉日記』を読んでも、道綱が賭弓《のりゆみ》、小弓《こゆみ》、舞を賞賛された記事だけが目に付く。和歌は母が代作する始末で、文章生だった倫寧の孫らしいところはみえない。学者、文学者でも政治家でもなく、祖父倫寧の母方源氏一族の武芸への能力を受け継いだとしか思えない。遠い親戚となる源頼光《みなもとのよりみつ》の娘と再婚して、頼光の屋敷に住みついたという説もある。当時の摂関家にとっては、武門の家は貴族に「侍《さぶら》ふ」護衛者に過ぎないと認識されていた。道綱の悪評は、武士の一族との親しすぎる関係も一因だったと思われる。

説話などに残された逸話《いつわ》もかんばしくない。遊び友達もなく退屈している幼い後一条《ごいちじょう》天皇に、面白い遊びをしましょうと、納殿《なでん》から砂金《さきん》一〇〇両を持ち出させ、これを天皇に撒《ま》かせたあとで拾い集めて持ち帰ってしまった（『続古事談』一）。藤原行成《ゆきなり》が小さな独楽《こま》に筆でさっと渦巻きを書いて天皇に渡す。これを天皇が回してみるとえもいわれぬ美しい模様になった、という優美な逸話と比べてほしい。また、清涼殿《せいりょうでん》の宴席で得意の舞を舞う最中に冠《かんむり》を落とすという失態があった。当時の人々にとって、冠のない頭を見られることは、裸姿を見られるよりも恥ずかしいことである。思わず大笑いした右大臣顕光《あきみつ》に対して、「何をいうか。自分の妻を寝取られておいて」と言い放った。密通していたのは当の道綱だったことを、貴族仲間は知っていたから、道綱のことばは「禽獣《きんじゅう》にほかならない」と嘆息したという（『古事談』一）。

兼家と同じ屋敷で生まれ育った道隆、道兼、道長にも欠点は多い。しかし、道綱は彼らに比べて貴族としての素養、行動いずれの面でも劣っていたと言えそうである。幼いときから両親の仲が悪く、母親も父親も道綱に向けて感情をぶつけてしまう。祖父倫寧は身近にいないことが多く、母方の伯父や伯母たちともそれほど交流はなかった。屋敷を訪れる客もまれで、他人と交際することが極端に少ない環境で育っている。ところが、道綱は青年期に入る直前から、急に父の生きる人間関係の社会に入っていった。道綱が、必死でさまざまなことを吸収しようとしても、時姫の息子たちよりハンディキャップが大きかった。このような道綱の生い立ちは、道綱と同様に、次妻（副妻）や妾の子どもとして生まれた者に共通する。彼らは、正妻の子どもに比べて社会的な待遇だけでなく、生育の過程でも差別を受けていたのである。

落魄した姫君たち

宮の御方―源明子の立場

安和二年（九六九）の安和の変によって、左大臣 源《みなもとの》 高明《たかあきら》は大宰権《だざいのごんの》帥《そち》に左遷《させん》され、藤原忠平《ただひら》の嫡流が摂関《せっかん》の座を独占する状況になった。高明の娘明子《めいし》は、道長《みちなが》の姉東三条院詮子《ひがしさんじょういんせんし》に引き取られることになる。明子は宮《みや》の御方《おんかた》と呼ばれ、「この姫君を迎へたてまつらせたまひて、東三条殿の東の対《たい》に、帳《とばり》を立てて、女房・侍《さむらい》・家司《けいし》・下人《げにん》まで別にあかちあてさせたまひて、姫宮などのおはしまさせしごとくにかぎりなく思ひかしづききこえさせたまひしかば」（東三条院のお屋敷の東の対を区切って、女房、侍、家司、下人などの奉公人まで別に分けてあてがってさしあげて、まるで内親王がおいでになるように、限りなく大切に面倒をみてさしあげたので）と、『大《おお》鏡《かがみ》』ではまるで内親王のように特別扱いして、大切にもてなされたと書いている。多くの求婚者のなかから後見人の詮子が選んだのは、お気に入りの末弟道長だったと、『大鏡』は続ける。

次章「正妻制の成立」で詳しく述べるように、明子の結婚について高群逸枝《たかむれいつえ》は、道長にとって倫子《りんし》と明子はどちらも同格の北の方だった、また、詮子が母親代わりとなって婿道長を選び取った、母親が結婚の決定権をもっていた、などの平安時代の婚姻習俗を説く重要な例として語っており、これを受けて、平安時代の婚姻を述べた多くの概説書も、明子の立場を高貴な姫にして道長の北の方のひとりと述べているものが多い。

ところで次の文章をみてほしい。

「二条御方《にじょうのおんかた》とて、いみじうかしづき据ゑ奉らせ給ひて、たはやすくとのゝ公達参りより給はず、いとやん事なき様にもてなしきこえ給。この御参りをばさる物にて、帥殿《そちのとの》の姫君の御参り、あはれなる事ぞかし」（二条の御方とおっしゃる方を、たいそう大切にもてなされて、簡単には道長公のご子息たちをお近づけにならない。たいそう高貴な姫君のようにもてなされた。この方のご出仕はいうまでもなく、帥殿伊周の姫君のご出仕もお気の毒であった）と、宮の御方の出仕のときと、ほとんど変わらない表現で語られるのが、二条の御方や帥殿の御方の女房出仕の際の様子である。

二条の御方というのは、道長の兄関白道兼《みちかね》の娘のことである。父道兼に死別した二条の御方は、道長の強い勧めにやむをえず、道長の三女威子《いし》の女房となった。天皇の女御《にょうご》として入内《じゅだい》するときのためにと父が整えていた素晴らしい道具類をもち、おおぜいの使用人を連れて出仕するという、特別待遇ではあった。そうはいっても、父道兼が早死にしなかったら二条の御方が女御・中宮《ちゅうぐう》になっていたかもしれないのに、今は従姉妹威子の女房、使用人の身分に下降してしまったことは、「あはれなる事」であった。

同様に、道長の兄道隆《みちたか》の孫娘（大宰帥伊周《だざいのそちこれちか》の娘）は帥の御方として彰子《しょうし》の女房になる。伊周は臨終《りんじゅう》に際して姫君たちを枕元に並べ、北の方に向かって、「私の死後、姫たちがみっともない生活をするようなら、あの世から恨み言をいいますよ」と、泣く泣く遺言した。しかし、「おぼしかけぬ御有様なめれ。あはれなりかし」（想像もできない身の上になってお気の毒である）、という状態になってしまった。

道長はさらに、道隆の五女を妍子《けんし》の女房に、為平親王《ためひらしんのう》の孫娘（従三位《じゅさんみ》源憲定《みなもとののりさだ》の二女）を頼通の正妻隆姫《たかひめ》の女房にしている。道長にとって、最高の家柄を誇る姫君たちを、自分の妻、娘や嫁の女房に迎えることによって、自らの力を貴族社会にまざまざと見せつけることをした。有力な保護者を失った姫君たちにとっては、ライバルの家の使用人に身を落とすしか生きる道はなかったのであろう。

敦道親王のふたりの妻

和泉式部《いずみしきぶ》と浮名を流した敦道親王《あつみちしんのう》には妻がふたりいた。最初の妻は道隆の三女で、皇后定子《ていし》の同母妹である。ところがこの妻は、客の前で御簾《みす》を高々と巻きあげ胸をはだけて立ちはだかる、作文会《さくもんえ》に集めた学生たちに砂金を二、三十両もばらまく、漢詩の出来を声高に批評すると非常識な振る舞いが多かった。「御心《みこころ》の少し軽くおはします」と、軽薄な振る舞いの多かった敦道親王でも、さすがに耐えられなかったらしく、早々に離婚した。

次の妻は、藤原済時《なりとき》（次節「貴族女性の財産管理」の「未亡人の財産管理」の項参照）の次女で、父済時が亡くなったあと自分の意思で親王と結婚したという。しかし、結婚して二、三年たったころに親王と和泉式部の恋愛事件が生じ、式部を宮に引き入れようとした親王に嫌気がさしてさっさと実家の小一条《こいちじょう》に戻ってしまった。彼女の姉は三条天皇の皇后娍子《せいし》である。道長にとって最後の政敵ともいうべき済時の一族に対して、世の権力は冷たかった。敦道親王の元妻は、たいそう落ちぶれてしまい、父から相続した近江《おうみ》の荘園も他人にのっとられてしまった。

せっぱつまった彼女は、深夜たったひとりで道長の御堂に忍び込み、道長に対面して窮状を訴えた。突然、政敵の娘が目前に現れたことに、道長も驚いたことだろう。しかし、窮鳥懐《きゅうちょうふところ》に入るの心境になったのか、道長は、彼女の所領を取り戻すように命令した。

さらに、将来の不安がないように取り計らうことまでしてくれたので、彼女の所領は以前よりずいぶんと増えたという。彼女もまた、落魄《らくはく》した姫君のひとりであった。ただ、敦道親王との結婚のいきさつからみても、相当自我の強い女性であったようである。そのような女性をしても自分ひとりの能力では荘園経営などは不可能だった。

邸宅を売り払う

前述したように、『蜻蛉日記』の作者は、祖母から相続したと思われる一条の屋敷を売り払って、父倫寧の持ち家のひとつである広幡中川へと引き移った。

藤原為光《ためみつ》の三女も彼女自身が相続した屋敷を売り払った姫君のひとりに数えられる。為光は師輔《もろすけ》の九男で太政大臣《だじょうだいじん》まで務めた人物、たいへん子だくさんであった。長女は藤原義懐《よしかね》の妻、次女は花山《かざん》天皇の女御忯子《きし》、そして三女は道隆の長男伊周《これちか》の副妻となった。三女が伊周と結ばれたのは、父為光が亡くなったすぐ後、従者や女房にも十分目が届かない時期であった。三女のもとに伊周が通い、さらに亡くなった忯子の面影を求めて、花山院が四女のもとへ密かに通う夜が続いた。ある晩、ふたりが鉢合わせをしたことがきっかけとなって、伊周・隆家兄弟が花山院に弓を射かける事件を起こした。長徳二年（九九六）のことである。この事件は道長の知るところとなり、伊周・隆家兄弟はそれぞれ地方に左遷《させん》され、事件を恥じた姉の一条皇后定子は落飾《らくしょく》してしまった。為光三女は、道長が全盛期を迎えるきっかけをつくったともいえる。

この為光の娘のひとりが、相続した一条の邸宅を米八〇〇〇石で売り払った。買い手は信濃前司《しなのぜんじ》佐伯公行《さえきのきんゆき》である（『権記』長徳四年〈九九八〉一〇月二九日）。ほぼ同じころ、左京七条一坊一五町の宅地が米一二石で売却されている。七条の宅地は八分の一町であるから、平均的な大臣クラスの敷地一町に換算すれば九六石にしかならない。さすが、高級住宅地の地価である。為光の娘が売り払った邸宅は、佐伯公行から東三条院詮子へ提供されることになる。まさに、受領《ずりよう》による権門《けんもん》への私的な奉仕の典型である。佐伯公行の妻は、道隆の妻高内侍《こうのないし》の姉妹高階光子《たかしなこうし》だった。公行は、長徳二年の伊周・隆家の失脚によって傍流に追いやられるところを、豪邸寄進によってなんとか免れるどころか、大国播磨国《はりまのくに》の受領のポストを得ることができたのである。

為光の娘が邸宅を売り払った理由はよくわからない。この娘は為光の三女で伊周の副妻だったと、角田文衛は推測している（『承香殿女御』朝日選書　一九六三年）。彼女が経済的に行き詰っていたというよりも、彼女の兄で道長の四納言と称された斉信《なりのぶ》が、道長の意を汲んで妹と佐伯公行とに勧めて邸宅を寄進した可能性が高い。なお、一条の屋敷は、東三条女院が住んだ後は、一条天皇の今内裏《いまだいり》と呼ばれた里《さと》内裏に使われた。為光三女は、その後尼になったといわれている。為光の娘たちのうち四女は後に道長の妾となり、五女は道長の娘皇太后妍子の女房になった。美人の誉れ高かった姉妹の後半生は、必ずしも幸せだったとはいえないようである。

借金に苦しむ姫君

師輔の兄実頼《さねより》の流れ小野宮《おののみや》一族は、忠平《ただひら》の嫡流としての家柄を誇り、おびただしい財産を有していた。ところが、家宝である忠平の石帯《いしおび》（束帯着用の時につける貴重な帯）が、質に入れられるという事件が持ち上がった。さらに四〇年近くたって、実資《さねすけ》の祖父で養父の実頼の日記『清慎公記《せいしんこうき》』のうち天暦八年の上巻が売り立てられている、と同僚の行成《ゆきなり》から連絡がはいった。摂関の流れが師輔の一族（九条流）に大きく傾いていく時代にあって、小野宮の正統性を守ってくれるのは、忠平の石帯と正しい宮中作法を記した実頼の日記である。実資は必死で質流れをくい止め、日記が他人の手に渡るまえに買い戻しをした。なんと、石帯を質に入れた犯人は実資の姉室町殿《むろまちどの》であった。室町殿は金繰りに困って、家重代《じゅうだい》の家宝を銭一〇〇貫の質草にしてしまったのである。日記を売り払った人物については実資の日記でも行成の日記でも触れてはいないものの、室町殿であったかもしれない。

室町殿は、実資の屋敷の近くで半独立の生活をしていた。夫もいない室町殿は、上流貴族の生活レベルを保ち、少々の贅沢を楽しむために、受領層の男が融通してくれるお金に頼るようになった。借金の返済を迫られた室町殿は、家重代の宝を差し出さざるを得なかった。石帯も日記も男社会の宝物ではあっても、女には何の価値もないものである。室町殿がこれを手放すのに、あまり躊躇はなかったかもしれない。

貴族社会にうまれた姫君たちで、親から相続した屋敷や財産があっても、官僚機構からはずされた性であるために、独立するのは難しかった。まして、政権争いの敗者の側に組み込まれた姫君は、落魄の身となってしまう。このような社会で賢く身を処した女たちの暮らし方を次章で述べよう。

貴族女性の財産管理

醜女の再婚

閑院《かんいん》左大将藤原朝光《あさてる》は関白兼通《かんぱくかねみち》の次男、母は有明親王《ありあけしんのう》の娘、姉は円融《えんゆう》天皇の中宮《ちゅうぐう》という貴公子である。父からも愛され、朝廷の期待も大きく、七歳年上の兄顕光《あきみつ》（悪霊《あくりょうの》左大臣《さだいじん》）より早く昇進していった。朝光は父親譲りの美男子で、ファッションリーダーでもあったから、後宮の女房たちの人気は大変高かった。その朝光が一気に評判を落としてしまう。なぜなら重明《しげあきら》親王の次女で美人の誉れ高く、三男一女をもうけていた北の方を捨て、枇杷大納言《びわだいなごん》源延光《みなもとののぶみつ》の未亡人のもとへ走ったからである。未亡人は四〇すぎで孫まであり、朝光の母親に近い年齢の上、色は黒く、額にはあばたが残り、髪はちぢれているという。平安美人の条件から大きくはずれた容貌だった。若く美しい親王の姫君の方がどれほど優れているかわからない。世間の人は、朝光は「徳につきたまへる」、つまり未亡人の財産に魅《ひ》かれたのだと噂した。

若い夫に対する未亡人の心配りは並々ではなかった。三〇人ばかりの美しく着飾った若女房に朝光の世話をさせ、寒い季節には炭をふんだんに焚《た》いて部屋を暖め、着替えの衣裳も必ず温めておいた。疲れをみせる夫に高価な漢方薬を勧める。朝光が先妻のもとへ戻ろうとしても、随身《ずいじん》・雑色《ぞうしき》や牛飼童《うしかいわらわ》は言うことを聞かない。それは未亡人が、日ごろから彼らに衣服を与え、食べ物や酒を振る舞って手なずけていたからだった。

実は、朝光が未亡人と結ばれたのは、父の兼通が兼家とのすさまじい抗争の果てに亡くなったころであった。父のライバルだった兼家が政権を握るや、朝光の昇進はとめられてしまう。家柄がよく、苦労知らずに育った朝光が初めて知った挫《ざ》折《せつ》である。このような時、「児《ちご》のやうにおはす」北の方では、相談相手にはならない。逆に「いみじうかしこうものし給ふ」延光未亡人は、失意の朝光を慰め、充分すぎる心遣いをみせた。朝光が、若く美しい妻を捨て、「さだ過ぎた」（若さの盛りも過ぎた）醜女《しこめ》を選んだのは、「徳」の力だけではなかったはずである。

未亡人の財産管理

兼通の死後、堀河院《ほりかわいん》は兄の顕光に、閑院《かんいん》の屋敷は朝光に譲られ、それ以外の財産も分割相続された。また、円融中宮媓子《こうし》の調度品《ちょうどひん》はほとんどすべて朝光に譲られた。朝光が延光未亡人の財力をあてにしなければならないほど、困窮していたわけではない。

一方、延光未亡人の財産について考えてみよう。未亡人の父親の敦忠《あつただ》は枇杷中納言と呼ばれ、彼女の最初の夫延光も枇杷大納言と呼ばれる。延光は臣籍降下した源氏で大きな財産を持っていたわけではなく、枇杷邸も妻の所有するものだった。

枇杷邸は東三坊、近衛《このえ》大路に面した屋敷で、長良《ながら》から基経《もとつね》、そして枇杷左大臣と呼ばれた基経の次男仲平《なかひら》の邸宅となった。仲平は一町の四分の一を住宅にして、あとの敷地はすべて倉庫にして、数えきれないほどの宝物が納められていたというほどの資産家であった（『江談抄《ごうだんしょう》』巻三）。仲平の娘明子《めいし》がこれを相続、時平《ときひら》の孫敦忠と結婚して枇杷邸を住居とした。敦忠自身も時平から、土御門《つちみかど》邸や本院邸、比叡山坂本《ひえいざんさかもと》の山荘など多くの遺産を相続している。しかし、敦忠は若くして亡くなった。他の時平の子孫も出家したり早逝した者が多く、時平一族の財産の相当部分を未亡人が相続した可能性が高い。確かに、未亡人の財産はずいぶんと大きなものであったろう。しかし、女性が相続した財産は、よほどしっかりと管理し続けなければすぐになくなってしまう時代だった。

ところで、未亡人の伯父に、時平の子孫でただ一人長生きした右大臣顕忠《あきただ》がいる。彼は節約家として有名で、『宇津保物語《うつほものがたり》』の三春高基《みはるのたかもと》のモデルといわれる人物である。顕忠の邸宅は富小路《とみのこうじ》のわずか四分の一町、この狭い屋敷で大臣大饗《だいきょう》をおこなった。彼は、使

敦忠女と朝光

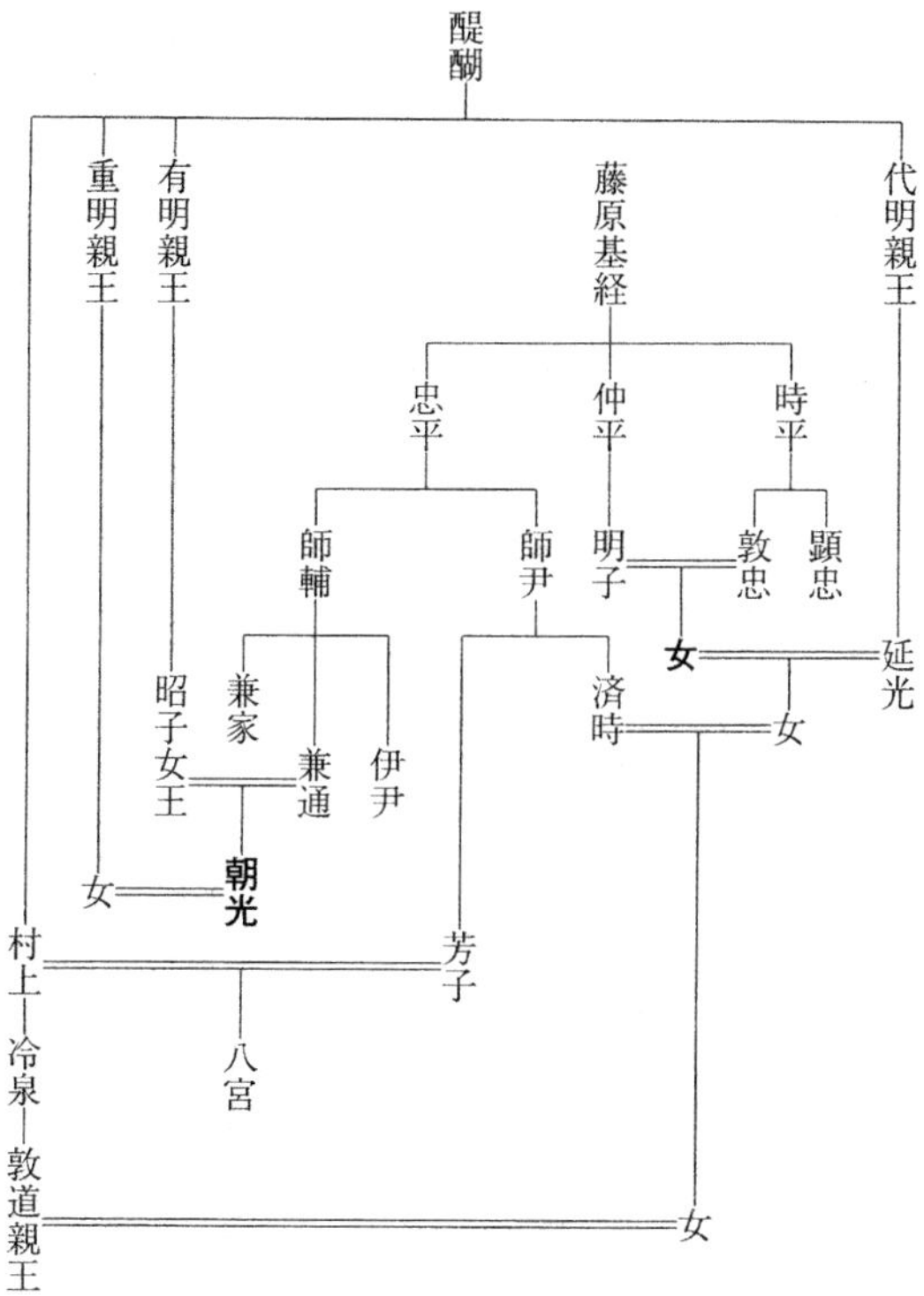
醍醐
重明親王
有明親王
藤原基経
代明親王
忠平
仲平
時平
師輔
師尹
明子
敦忠
顕忠
女
延光
昭子女王
兼家
兼通
伊尹
済時
女
女
朝光
村上
芳子
八宮
冷泉
敦道親王
女

用人に余分な手間をかけないように、寝殿の棚に桶《おけ》と瓢《ひさご》をおいて、ひとりで洗面をしたという。幼くして父を亡くした未亡人は、この伯父に引き取られたと思われる。合理的な精神と柔軟な思考で、見栄を張らずに無駄を省くこと、家族や使用人に対する思いやりのある暮らしなど、財産管理に関するノウハウを伯父との暮らしから学んだとすれば、未亡人の心遣いは、ただ若く美しい夫への「かしずき」、献身的な世話だけに向けられたものではなかったことが納得される。

朝光は政治的には不遇のまま、年上の妻の手あつい看護を受けて、四五歳で枇杷邸で亡くなった。病気がちな朝光にとってもっとも幸せに死を迎えられたように思われる。

さて、朝光との結婚前から、枇杷邸の対屋《たいのや》には未亡人の一人娘とその夫藤原済時《なりとき》、孫たちが住んでいた。さらに彼女は、早くに父母を亡くした済時の甥実方《さねかた》の養育を引き受け、済時の妹芳子《ほうし》（村上《むらかみ》天皇女御）の産んだ永平親王《ながひらしんのう》（八宮）の面倒までみている。その後済時一家は、済時の相続した小一条の屋敷に移る。道長の強力な政敵であった済時の関係者は、『大鏡』や『栄花《えいが》物語』で皮肉で辛辣《しんらつ》な描き方をされてしまう。それでもなお、枇杷邸の女主人の包容力、心遣い、そしてたくましさは、逸話のところどころからあふれてくる。

彼女は、いつも厚い生成《きな》りの練《ね》り絹《ぎぬ》の衣に、白い袴をつけていたという。『大鏡』はこれも、年老いた醜女にふさわしい、不細工な服装だとけなしている。実は、同じファッションを好んだ女性がもうひとりいる。『宇治拾遺物語』に「虫めずる姫君」として描かれる女性である。当時の姫君の忌み嫌う昆虫を愛し、自然観察や飼育を好む風変わりな姫君。彼女の好んだ衣装も生成りの白い袴だったと表現された。華やかな色彩で身を飾らない姿は、男の眼からは愛らしく思えなかったろう。しかし、自然でシンプルな衣裳を好む彼女たちの生き方は、女の側の共感を得られるものである。

女の不動産売買

平安時代の女性は所領や邸宅を個人の財産としてもつことが多かった（服藤早苗『家成立史の研究—祖先祭祀・女・子ども—』第三部　校倉書房　一九九一年）。平安時代の文書類を時代順に集めた竹内理三《たけうちりぞう》の『平安遺文』には、女性の名前で墾田《こんでん》や宅地の売買をしている文書が多数採録されている。その中から、宅地の所有者の変遷がよくわかる代表的な例を紹介しよう。この宅地では、譲渡や売買のたびに証文（権利書）が取り交わされ、担当官庁である京職《きょうしき》が印判《いんばん》（証明）した文書が、最終的な所有者になった東寺に保管されて残ったものである。この宅地は、平安京の左京七条一坊十五町西一行北四五六七門にある（瀧浪貞子『平安建都』日本の歴史5　集英社　一九九一年）。

平安遷都にあたって、三位《さんみ》以上の貴族には一町（約一二六万六〇〇〇平方メートル）、四《し》・五位《ごい》に二分の一町、六位《ろくい》以下に四分の一町の宅地が与えられた。都の七条の東西二坊に東市、西市が設けられ、月の前半は東市、後半は西市が開かれた。貴族や役人は、給与として現物支給される米や絹、鉄製品などを市で売り払い、日常品や贅沢《ぜいたく》品を買い求めた。近郊の農民は野菜類を持ち込み、市の周辺に住む職人たちの作った手工業品も並べられた。市には全国の物産が集まり、庶民から貴族のお姫様まで買い物を楽しみ、男女の出会いの場所にもなっていた。特に東市はたいそうな賑わいをみせ、年々外側に広がって面積をふやしていった。問題の土地は、東市の北西部にほぼ隣接している。

このようなにぎやかな一画にある土地は、南北に細長い敷地で四戸主《へぬし》つまり八分の一町（約一八〇〇平方メートル）の面積、まさに下級役人にふさわしい屋敷地である。とはいっても、柱《はしら》間《ま》三間《さんけん》の四周に板庇《いたびさし》をまわし、檜皮葺《ひわだぶき》の屋根という立派な寝殿《しんでん》と、五間《けん》の庇つき板屋《いたや》が二棟、中門のほかに大小の門がふたつあるというなかなか堂々とした屋敷であった。延喜一二年（九一二）七月一七日、正六位上《しょうろくい》　源　理《みなもとのおさむ》がこの土地と建物すべてを延喜銭一六貫文で買い取った。売主は、散位《さんに》正六位上山背忌寸大海当氏《やましろのいみきおおみのまさうじ》である。買主の源理は、左京一条一坊に住む中納言従三位《さんみ》出羽按察使《でわあぜち》　源　朝臣湛《みなもとのあそんたたう》の戸口《ここう》だという。源湛はなかなかの有力者で最終官位は従《じゅ》三位大納言、延喜一五年に七一歳で没した。湛は嵯峨《さが》天皇の孫になり、光源氏《ひかるげんじ》のモデルのひとりといわれる河原左大臣《かわらのさだいじん》　源　融《みなもとのとおる》の息子。彼の娘は藤原時平の妻となって右大臣顕忠の母となっている。源理は湛の息子だと思われるが、残念ながら系図には名前がみえない。

この土地の売買契約書によれば、保証に立った三人も、売主・買主と同様六位・七位の役人だった。契約書にはこの土地が、延喜二年と八年にも所有者が代っていることも書かれている。

さて、延喜一九年（九一九）四月二一日、源理はこの建物付きの土地を息子の市童子《いちのどうじ》とその母　橘　美子《たちばなのよしこ》に生前贈与している。ところが、一〇年後の延長七年（九二九）六月二九日、市童子と母はこの土地を延喜銭一〇貫文（一万銭）で安倍良子《あべのよしこ》に売った。良子は、左京三条一坊に住む故周防掾《すおうのじょう》正六位上安倍朝臣秀行《ひでゆき》の娘であったようである。購入者が女性であるためか、散位正六位上布敷首常藤《ぬのしきのおびとつねふじ》が相買人として署名を加えているのは、敦《とん》煌《こう》文書の形式と同じである。このときの保証人も六位クラスの役人たち四人である。

この土地はさらに天暦三年（九四九）四月九日、良子から檜前宿禰阿公子《ひのくまのすくねあきこ》にやはり延喜銭一〇貫文で売却された。売却の理由は「急用有るに依り」と、なにか現金の必要が生じたらしい。この時点では、売買の双方とも女性だけで、保証人四人は下級役人となる。さらに三〇年たった天元二年（九七九）一〇月二日、母親からこの土地を譲り受けた穴太《あぶとの》某（名未詳）が、母の周忌追福《ついふく》の仏事のために乾元銭《けんげん》九貫で吉志保国《きしのやすくに》に売り払った。この母親は阿公子だったのだろうか。息子は父親の姓を名乗るから、母子の関係は確実ではない。このとき、相売人として速水《はやみ》という僧侶が署名しているのは、仏事の支払いと関係しているのであろう。さらにこの土地は吉志保国から息子の忠兼《ただかね》に相続され、正暦四年（九九三）六月二〇日に米一二斛《こく》（石）で紀滋忠《きのしげただ》に売られた。

平安前期の約一〇〇年間、左京一坊の六位クラスの役人の宅地は、売買や贈与、相続などによって所有者が転々とした。宅地の場所、屋敷の規模から、所有者はほぼ同じ階層に限られながら、少しずつ下降しているようにもみえる。所有者がはっきりしている九代のうち、女性の所有者は三人、最初の美子が息子と共同で夫から譲与されたのを除けば、女たちは売買によって土地を獲得したのであり、母ないし父から娘への譲渡・相続ではない。東市に隣接するという土地柄から、市の商人らが好んでこの土地を購入したのではないだろうか。市の商人として女性が活躍していたのは説話や絵巻物でも確認できる。

『宇津保物語』の中に、三春高基《みはるのたかもと》という大臣が登場する。彼はたいへんな吝嗇家《りんしょくか》（けちんぼう）で、「絹くらにある徳町《とくまち》といふ市女《いちめ》の富める」を北の方に迎え、大臣の体面を保つための費用を妻に負担してもらおうとする。ところが、徳町は自分の才覚で稼いだ財産を夫のために使い尽くすのはばかばかしいと、北の方の地位を棄てて自分の家に帰ってしまう。市の商人に登録され店を構えることができれば、女性であっても十分資産を築く

市の女（『病草子』より，福岡市美術館保管）

ことができた。朝廷に仕える役人は市で商売することは禁じられていた。しかし、役人の妻が商売をするのは差し支えなかった。夫が役人であれば役所との関係もうまくいき、女は自由な立場で商業活動ができたのである。

『源氏物語』のような王朝物語だけを読んでいると、生臭い話を極力避けるために、親から娘への伝領が優雅におこなわれたかのように描かれてしまう。実は貴族や役人といえども、経済的なやりくりはなかなか大変であって、「急用」や法事などの臨時の出費などで、屋敷を売却する例は多かったのである。

女性の収入の道

基本的に、貴族の男は役人として給与を得ることが生活の手段である。割の良い地方官につけばもちろん、京官勤務だけでも年数を経れば位階も上がり、ポストも上がって収入は増える仕組みになっている。邸宅を相続しなくても購入するチャンスはいくらでもある。一方、官僚制から排除された女たちの働き場所は、きわめて限定されている。公的な後宮女官のポストは限られているから、皇后定子《ていし》の母高《こうの》内侍《ないし》のように漢学に優れているなど、特別な才能をもつか、コネでもなければなかなかなれない。一番手っ取り早いのは、有力者の使用人や女房となって、有力者の個人の屋敷や後宮《こうきゅう》の女御《にょうご》の部屋で働くことだが、女房に対する偏見もあって、積極的に働きにでる女性は多くはなかった。

結婚して夫の収入に頼るのが一番無難だが、これを潔しとしないならば、所領からあがる収入で暮らすことになる。奈良時代の女性が田園から隔離されずに、自ら現地に赴いて荘園管理をおこなっていたのに比べると、平安時代の貴族たちは、男性女性をとわず完全な都会人となった。受領などの地方官の家族は、田舎暮らしを経験し、旅の途中にさまざまな体験を加えることができたが、三位以上の公卿クラスにうまれた女たちにとっては、田園風景は歌枕や風流でしかなくなり、都の郊外へ出ることすら珍しいことになる。たとえ所領を持っていても、管理運営は他人に委ねざるをえなかった。

所領の経営には、在地の有力者とのいざこざがついてまわる。これを解決する手段は、ある場合には武力に頼り、ある場合には国衙《こくが》の力を利用することが必要であった。国衙に力を及ぼせるのは、当然ながら時の権力者である。摂政・関白をはじめとする有力貴族たちの権威を利用して、所領からの収入がようやく手に入る仕組みだった。女たちが荘園の券《けん》を親から譲られても、権利書を持っているだけでは何の価値もないわけである。敦道親王の妻のように、有力な親が亡くなり、兄弟たちが権力争いから追い落とされると、親から譲られた所領は現地の有力者や国衙の餌食《えじき》になるしかない。敦道親王の妻の行動を、貴族の女性としてふさわしくない、みっともないと評するのは簡単だが、父の政敵だった道長に訴えてでも自分の権利を守ろうとした彼女を暖かく見守りたい。

正妻制の成立

内親王降嫁問題の虚と実

女三宮の降嫁―『源氏物語』の虚

『源氏物語』の主人公光源氏《ひかるげんじ》の最後の妻は、光の兄朱雀院《すざくいん》の皇女、女三宮《おんなさんのみや》である。出家を決意した朱雀院のたっての頼みを受けて、光は女三宮を妻として六条院の寝殿に迎える。このとき、東宮《とうぐう》妃《ひ》明石女《あかしのにょう》御《ご》（光源氏と明石の上との娘）が出産を控えて里帰りしたために、寝殿の西面《にしおもて》を女三宮、東面《ひがしおもて》に女御と区切って使用された。紫上《むらさきのうえ》は以前から東対《ひがのたい》に住んでいたが、引き続き東対に居住する。この一夫多妻的同居は七年ほど続く。

物語の六条院は四つの敷地に分割され、北東の夏の御殿は花散里《はなちるさと》を女主人とし、北西の冬の御殿を明石《あかし》の上《うえ》、南西を秋好中宮《あきこのむちゅうぐう》（六条御息所の娘、光源氏の隠し子冷泉院の中宮）、光と紫上は南東部の春の御殿に住むように設定された。六条院の敷地は四分割され、それ

六条院模型（京都文化博物館所蔵）

ぞれが独立した別個の屋敷となっている。しかし、女三宮の登場によって、春の御殿にはひとつの屋敷に妻がふたりいる状況が作り出される。

この六条院の描写から、平安時代の貴族は一夫多妻制で、ひとつの屋敷に複数の妻が暮らすものだと思い込んでいる人も多いのではないだろうか。平安内裏《だいり》の後宮には「あまたの女御更衣《こうい》」が暮らして、天皇の寵愛《ちょうあい》を競っていたこと、また、江戸時代の大奥や大名家の奥の生活などから連想して、古代から妻妾同居が当たり前であったと考えられがちである。

その一方で、若いころの光源氏が夜毎に女性のもとを訪ねる描写を、夫が毎夜妻のもとを訪れる通い婚（妻問婚《つまどいこん》）の姿であると考え、光源氏の元服の時、桐壺帝の許しをえて婚約した左大臣の娘葵上《あおいのうえ》との関係を妻の親の家のかしずき、婿取《むこと》り婚（招婿《しょうせい》婚《こん》）の形であるとして、高群逸枝のいう妻問婚や招婿婚の婚姻形態を示していると考えている人もいる。しかし、このふたつの婚姻形態は、まったく相反するように思われる。

男の家に複数の妻を同居させる、つまり、中国の後宮やハーレムのような居住・婚姻の形は、男性主体の家父長的家族の究極の形式を示す。一方、女の居住空間に男が住み着く形は、母系的な家族の典型的な形である。同じ時代、同じ社会の同じ階級で、ある場合には通い婚、ある場合には後宮的（大奥的）同居婚をおこなうということがありうるのだろうか。紫式部《むらさきしきぶ》が描いた物語は、平安時代中期の現代小説として、読み手を納得させる写実的描写による箇所と、『宇都保《うつほ》物語』にも共通する中国の小説に骨組みを借りた架空《かくう》の時代小説の部分とに分けて読み進めなくてはいけない。六条院の描写は、まさに大陸小説的な想像の場面であった。

頼通と女二宮
—歴史の実

ところで、『源氏物語』の女三宮の降嫁《こうか》とまったく同じ事件が、現実に起きている。道長の長男頼通《よりみち》への三条《さんじょう》天皇皇女の降嫁話である。三条天皇は、長和四年（一〇一五）一〇月、第二皇女禔子《ていし》内親王を頼通に降嫁させたい旨を道長に密に打診した。道長はこの話をさっそく息子に伝えた。実は頼通は、六年前に具平親王《ともひらしんのう》の娘 源 隆姫《みなもとのたかひめ》と結婚しており、この時点では、頼通が父道長から譲られた二条高倉殿《たかくらどの》で同居していたのである。困惑した頼通はなかなか承諾しなかったらしい。

ついに道長は、「男《おのこ》は妻《め》は一人《ひとり》のみやは持たる、痴《しれ》の様《さま》や」（『栄花《えいが》物語』巻一二）と吐きすてた。男性が妻をひとりしかもたないなんて、バカみたいだ、といったのである。このことばは、平安時代の男性がおおぜいの妻を持てたこと、持つことが当たり前であったことの証言としてしばしば引用されてきた。

しかし、このとき三条天皇は、「御妻《おんめ》は中務《なかつかさ》の宮《みや》の女《むすめ》ぞかし。それはいかばかりかあらん。さりともこの宮にえや勝《まさ》らざらむ。又、我《われ》かくてあれば、えおろかにあらむ」（〈頼通の〉妻は、中務卿《なかつかさきよう》具平親王の娘だろう、それがどれほどのことがあろうか。まさかこの二宮《にのみや》に勝ることはあるまい。また、〈天皇である〉わたしが後見としているのだから、決しておろそかにはすまい。『栄花物語』巻一二）と、頼通に妻のいることを知っていた。それでもなお、天皇の強い意志で結婚を進めたことを示す。

三条天皇と道長とは、天皇が即位したときからギクシャクした関係が続いていた。天皇の眼病が悪化していることもあって、道長は娘彰子《しようし》の生んだ皇太子敦成親王《あつなりしんのう》（後一条《ごいちじよう》天皇）への譲位を迫っていた。一〇月二日には道長派の公卿たちと集まって、天皇退位計画を練るほど緊迫した状況になっていた。追い詰められた天皇は、女二宮《おんなにのみや》を頼通の妻へ与えることで事態の修復をはかろうとしたのである。

小野宮右大臣《おののみやのうだいじん》と呼ばれた藤原実資《ふじわらのさねすけ》（当時は大納言）の日記『小右記《しようゆうき》』は、この降嫁事件について触れている。「主上《しゆじよう》（三条天皇）、女二宮を以《もつ》て、権大納言《ごんだいなごん》頼通に合《あわ》するべきの由、左相府《さそうふ》（道長）に仰せらる。『但し妻あるは如何か』」と、三条天皇が道長に降嫁を申し入れながら、頼通に妻がいることに懸念を示したことがよくわかる。道長はそれに対して「仰《おお》せ事有《ごとあ》るに至《いた》らば、左右《さう》申すべからず」と、天皇の仰せでございますから、あれこれ申し上げるべきではありません、と天皇の申し入れを受け入れたという。この経過について、辛口評論家の実資は、「御恙間《おんやまいのあいだ》深く宝位《ほうい》を貪《むさぼ》り給《たま》うに依《よ》る」と、天皇が病弱でありながら天皇の地位に執着して、むりやり降嫁を進めているのだ、「弾指《だんし》、弾指」（チェッチェ）、悲しむべきことだと批判している（同年一〇月一五日条）。

物の怪の出現

親王の娘という高い身分の女性を妻にもちながら、なおかつ天皇の皇女というさらなる高貴な女性を妻に迎える。貴族にとってこれほど恵まれた結婚話はないだろう。しかし、天皇のつぶやきや実資の批判からみて、この結婚は当時の社会慣習からはずれたむちゃくちゃなものであったことは確かである。頼通がこの話を承諾するということは、隆姫と離婚することを意味したのだ。隆姫との間には子どもも生まれていなかったから、道長は「とてもかうてもたゞ子を設けんとこそ思はめ」と、子どもを設けるために結婚するのだと思えと、この結婚を正当化しようと説得している。

頼通は政争の具にされ、愛する妻と父との間で悩みぬく。降嫁の準備が着々と進められる中で、彼はついに病気になってしまった。隆姫の乳母の訴えに感じた貴船明神が、頼通にとりついたのだという。また、乳呑子のように息子を抱きあげて薬湯を飲ませようとする道長と倫子の前に、物の怪《もののけ》となった隆姫の父故具平親王の霊が、降嫁事件で悩む隆姫の状況を訴えた。『栄花物語』が詳しく描く物の怪騒動は、『小右記』にも『御堂関白記《みどうかんぱくき》』にも触れられている。頼通の病気は風病、つまり過度のストレスから生じた心因性の病気だったようである。頼通の風病の噂が世間に広まったためか、降嫁話は沙汰《さた》やみになり、頼通の病も完治した。

このときの、隆姫の立場と紫上とは驚くほど良く似ている。『源氏物語』の女三宮物語のモデルとしては朱雀天皇が娘の昌子内親王を冷泉天皇中宮とした事実と結びつけて語られることが多い（山中裕『源氏物語の史的研究』思文閣出版　一九九七年）。三条天皇と女二宮の歴史的事件を取りあげるものも、『栄花物語』への影響関係にふれるにとどまっている（手塚昇『源氏物語の再検討』風間書房　一九六六年）。しかし、『源氏物語』の成立時期が寛仁年間（一〇一七〜一〇二〇）まで降るとすれば、紫式部は、もし降嫁が実現したらどうなったのか、という問いを読者に投げかけたのだろう。

源隆姫と紫上はどちらも親王の姫であるものの、有力な後見はいない。そして、どちらも子どもを生むことができなかった。紫上は明石女御の母親代わりとして公的な場へも出入りできる地位を獲得し、隆姫も頼通の正妻であることを天皇にさえ認めさせる立場にあった。しかし、もし三条天皇皇女の降嫁が実現していれば、隆姫は正妻の地位を女二宮に譲らなければならなかったはずである。物語の紫上は、妻妾同居の状態に耐えることを強いられるが、現実には、隆姫は頼通の住む二条高倉の屋敷を出て離婚する形をとったと思われる。このようなことが想定されるから、頼通は心因性の病に逃避するしかなかったし、実資に代表される当時の識者は、天皇の申し入れと道長の承諾とを「弾指」しながら非難したのである。

道長の家族

女二宮降嫁《おんなにのみやこうか》事件では物の怪《もののけ》にとりつかれるという気弱なところを見せた頼通《よりみち》の、摂関家の御曹司《おんぞうし》としての別の側面をみていきたい。

頼通の元服

頼通は長保五年（一〇〇三）二月に元服《げんぷく》式をあげた。頼通の誕生は正暦三年（九九二）、幼名を田鶴君《たずぎみ》といい、七歳で童殿上《わらわてんじょう》、元服時には一二歳になる。

平安時代の貴族にとって、男子は元服、女子は裳着《もぎ》（着裳ともいう）が成人への通過儀礼だった。貞観六年（八六四）正月、清和《せいわ》天皇が一五歳で元服、同じ日に四尺五寸（約一三六センチ）以上の藤原氏の童子一三人を元服させた記事がみえる。男子の元服は、年齢よりも身長が一応の基準になっていたらしいが、元服年齢の明らかな例をみると一五歳前後が標準的である。ただ、一条天皇のころから元服年齢は次第に早くなる傾向があり、頼通の一二歳も異例ではない。

赤ちゃんのときは坊主頭、三歳前後で髪を伸ばしはじめ、髫髪《うない》というおかっぱのように髪を肩のあたりで散した幼児姿になる。六、七歳ころ伸びた髪の先を切り揃える髪剃《かみそぎ》をおこなうと、普段は首のあたりで髪を結わえて垂らす入元結《いりもっとい》、晴装の時は左右に分けた髪を両耳の上で丸く束ねた総角《あげまき》という少年の髪型になる。頭に冠をつけない露頭《ろとう》が童髪《わらわがみ》の特徴であるのに対して、きっちりと髷《まげ》に結い上げて首筋をあらわにし、冠をかぶるのが大人の姿である。大人の印である冠をかぶせる加冠《かかん》の役、次いで櫛《くし》で髷を整える理髪《りはつ》の役を誰に依頼するかは、少年の将来にもかかわる重要な人選であった。基経《もとつね》の嫡男時平《ときひら》の元服は内裏の仁寿殿でおこなわれ、光孝《こうこう》天皇自らが加冠役を勤めている。

頼通の場合は、加冠は内大臣藤原公季《きんすえ》（大叔父にあたる）、理髪は大蔵卿藤原正光《まさみつ》、場所は道長の本邸枇杷邸《びわてい》でおこなわれた。内裏であげた先例もいくつかあるから、道長の長男にしては特別扱いとはいえない。ただ、頼通の場合、元服の当日に正五位下を授けられ、昇殿《しょうでん》も許された。これは異例の扱いである。平安時代なかばになると、貴族の子弟への蔭位《おんい》はずいぶん緩やかになり、公卿の子弟はまず従五位下をもらうのが慣例になっていた。道長も兼家も師輔も、従五位下から貴族官僚としてスタートしている。頼通は慣例よりも二階級上の位階を授けられたのである。

実は、天皇からじかに冠を受けた時平とその弟仲平《なかひら》と忠平《ただひら》も、頼通と同様に正五位下を授けられている。しかし、この三兄弟にしても、昇殿が許されるのは元服から九ヵ月もたってからであった。正五位下の位階と昇殿とを同時に許された頼通の扱いは、特例中の特例であった。

殿上人と地下人

昇殿というのは、天皇の常の住まいである清涼殿《せいりょうでん》への出入りを許されることをいい、この許しを得た人を殿上人《てんじょうびと》という。平安貴族にとって、天皇との距離の遠近が貴族の地位のひとつの指標になっていた。日々天皇のそばにいて、天皇の身の回りの世話をしたり、一緒に食事をしたり、詩歌管弦《しいかかんげん》の遊びをすることが、政治をとるのと同じくらい、いやそれよりもずっと重要なことになっている。頼通が元服と同時に、殿上人として一条天皇の身近に仕えることを許されたのは、特別の恩典であった。

さて、頼通には一年遅れてうまれた頼宗《よりむね》という兄弟がいた。頼宗の母親は宮《みや》の御方《おんかた》と呼ばれた源明子《めいし》である。頼宗の元服は、同じ明子からうまれた弟顕信《あきのぶ》と一緒に長保六年（一〇〇四）の二月におこなわれた。頼宗と顕信のふたりは、従五位上という一般公卿の男子よりは一階高く叙されたものの、昇殿は許されなかった。昇殿を許されない者は地下人《じげびと》と呼ばれ、貴族の中では一段低くみられる存在である。しばらくの間、明子の子どもたちは、この境遇に耐えるしかなかった。

寛弘三年（一〇〇六）一二月五日、頼通の同母の弟で一一歳の教通《のりみち》と明子の生んだ一二歳の能信《よしのぶ》とが同時に元服式をあげた。教通の加冠は右大臣藤原顕光《あきみつ》、理髪は左頭中将源頼定《よりさだ》であったのに対して、能信の加冠は春宮大夫《とうぐうだいぶ》藤原道綱《ふじわらのみちつな》、理髪は新中将藤原公信《きんのぶ》と、微妙に差がつけられた。さらに、教通が頼通と同じように正五位下を授けられ即日昇殿を許されたのに対して、能信は頼宗、顕信と同様、一階低い従五位上に叙されただけで昇殿は許されなかった。

道長の六人の息子のうち、源倫子《りんし》を母にもつ頼通と教通だけが、元服後の最初の位階として正五位下を授けられ即日昇殿を許された。一方、源明子を母にもつ頼宗、顕信、能信、長家《ながいえ》（寛弘二年〈一〇〇五〉誕生）の四人は、従五位上に叙され昇殿を許されるのは遅れている。同じ道長の息子たちでも、母親が違うことで貴族社会へのスタートラインにおいて明らかな差別があったのである。先にあげた正五位下授爵（はじめて位階を授けられること）の前例となった基経の息子たち、時平・仲平・忠平も同じ母親から生まれた兄弟であった。彼らの母親は人康《ひとやす》親王の女王である。もうひとりの基経の息子兼平《かねひら》は、母親がやはり親王の女王であったにもかかわらず、従五位上からスタートしている。官僚貴族へのスタートラインに父親の身分が影響するのは、蔭位の制度が形を変えながら残っているから当然だといえるかもしれない。しかし、少年貴族たちは、母親の立場によってさらなる差別を受けていたのである。

姫君たちの配偶者
——倫子の娘たち

道長は三人の娘を天皇の后として、「欠けたることのなし」と自負したことは、あまりにも有名だろう。まず、長保元年（九九九）長女彰子《しょうし》が一条天皇の後宮に入った。翌年、すでに後見を失っていた中宮定子《ていし》を皇后の地位に移し、彰子を中宮とした。本来、中宮というのは皇后の別称にすぎず、ひとりの天皇にはひとりの皇后が立てられるのが原則であった。しかし、道長はひとりの天皇には妻としてのひとりの正妻キサキ（皇后と中宮）を配するという強引な手法をとった。寛弘五年（一〇〇八）九月、彰子は待望の男皇子、敦成親王《あつなりしんのう》（後一条天皇《ごいちじょう》）を生む。『紫式部日記』は、このときの出産の場面からはじまっている。

寛弘七年（一〇一〇）には、次女妍子《けんし》が東宮居貞親王《とうぐういやさだしんのう》（三条天皇）の妃となった。東宮にはすでに藤原済時《なりとき》の娘娍子《せいし》（宣耀殿女御《せんようでんにょうご》）というキサキがいた。敦明親王《あつあきらしんのう》（小一条院《こいちじょういん》）など四男二女をもうけ、夫婦仲はたいそう円満であった。三条が即位すると、妍子は中宮に立てられた。しかし、糟糠《そうこう》の妻ともいえる娍子の立后《りっこう》をこそ望んでいた天皇は、娍子を皇后に立てる意志を示した。彰子を中宮にするために、定子を皇后に移して、強引に一帝二后の先例を作った道長にとって、正面から娍子立后に反対することはできなかった。

立后の当日、道長は公卿・殿上人らを引き連れて宇治《うじ》へ行楽に出かけてしまう。権力者道長にとっても、自分で作った先例に対しては、嫌がらせをするくらいしか抵抗の道はなかったのである。娍子立后の儀式は、硬骨漢《こうこつかん》の実資や隆家の手でなんとかつつがなく終わったものの、道長と天皇の確執《かくしつ》は深まってしまう。

さて、寛仁元年（一〇一七）に彰子の生んだ後一条天皇が即位すると、翌年、道長三女威子《いし》が入内する。二〇歳の叔母と一一歳の甥との結婚である。半年後、威子は立后、道長は、ついに三人の娘が后となったことを誇り、祝宴の席で望月《もちづき》の歌を披露した。道長の後宮《こう》戦略《きゅう》はまだ終わらない。さらに、治安元年（一〇二一）四女嬉子《きし》を東宮敦良親王《あつながしんのう》（後朱雀天皇《ごすざく》）の妃に入れた。ただ、嬉子だけは、東宮の即位前に親仁親王《ちかひとしんのう》（後冷泉天皇《ごれいぜい》）を生んだ二日後に亡くなってしまう。まだ一九歳だった。

姫君たちの配偶者
──明子の娘たち

入内《じゅだい》を果たした彰子、妍子、威子、嬉子の四人の娘の母親は、源倫子である。では、もうひとりの「妻」とされる源明子は娘をもたなかったのだろうか。実は明子にもふたりの娘がいた。ひとりは寛子《かんし》。生没年は不明だが、寛弘六年（一〇〇九）に女子の成人式にあたる着裳をおこなっている。女子の着裳年齢は、男子の元服と同じで決まっているわけではない。一般には初潮のころとされ、一二歳から一五歳ころにおこなわれることが多い。威子は長和元年（一〇一二）

に一四歳で、嬉子は寛仁二年（一〇一八）に一三歳で着裳の式をあげている。着裳の年齢を考えると、寛子は妍子と威子との間くらいの年齢に思われるのだが、『栄花物語《えいがものがたり》』に結婚したとき一九歳とあるから、長保元年（九九九）の誕生ということになる。

寛子は寛仁元年（一〇一七）、東宮を辞退した敦明親王と結婚する。すでに述べたように、道長は敦明親王を東宮にすることを条件に三条天皇の譲位を承諾させた。しかし、陰に陽に東宮に圧力をかけ、ついに東宮位を辞退させ、一条天皇と彰子との間に生まれた自分の孫の敦良親王を東宮につけることに成功する。寛子の結婚は、その引き換えのようにおこなわれた。敦明親王は天皇を退位した上皇（院）と同じ待遇を保障され、道長の娘を妻とすることで後半生の安心をえた。東宮を降りた敦明親王は、母娍子の屋敷小一条を本邸とした。東宮妃だった延子《えんし》は、父顕光の堀河邸《ほりかわてい》に移り院とは別居することになった。道長に遠慮する小一条院は延子のもとを訪ねることもなく、延子は悲しみの中に没した。この後、顕光は死霊となって、道長の娘たちに祟ったという。

もう一人の明子の娘、尊子《そんし》も生まれた年はよくわからないが、長和二年（一〇一三）嬉子と一緒に従四位下《じゅしいのげ》に叙されている。万寿元年（一〇二四）年、尊子は結婚した。相手は、頼通の正妻隆姫の弟 源 師房《みなもとのもろふさ》、一五歳である。多分、尊子の方がだいぶ年長だったと思われる。師房は、頼通の猶子《ゆうし》になっていたとはいえ、道長の婿に選ばれるのは、「あさは

道長の家族

源高明――明子
　　　　　　＝**道長**＝
源雅信――倫子

明子の子
- 頼宗（九九三年生　一〇〇四年元服）
- 顕信（九九四年生　一〇〇四年元服）
- 能信（九九五年生　一〇〇六年元服）
- 寛子（九九九？年生　一〇〇九年着裳　小一条院妃）
- 尊子（一〇〇二？年生　源師房妻）
- 長家（一〇〇五年生　一〇一七年元服）

倫子の子
- 彰子（九八八年生　一条中宮・上東門院）
- 頼通（九九二年生　一〇〇三年元服）
- 妍子（九九四年生　三条皇后）
- 教通（九九六年生　一〇〇六年元服）
- 威子（九九九年生　後一条女御）
- 嬉子（一〇〇四年生　後朱雀女御・後冷泉母）

かに、心得ぬこと」と噂されたほど身分違いであった。結婚の半年後に彼はようやく公卿にあがった。道長の婿、頼通の猶子として特進されたに違いない。

なお、明子のふたりの娘の生まれ年は記録が残っていないが、道長の家族系図に示したように、倫子の四人の娘たちの生没年は記録されている。倫子の娘たちは四人とも、后という公的な地位についたからである。

こうしてみると、明子の娘ふたりの配偶者は、倫子の娘たちに比べてずいぶんと見劣りすることがわかる。寛子の夫小一条院は、院待遇とはいえ、社会的には抹殺された存在だ

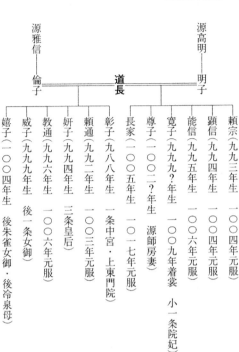

ったし、尊子の夫源師房は非常に優秀な人物で村上源氏の祖と呼ばれた貴族ではあったが、御堂流《みどうりゅう》一族の忠実な身内のひとりにすぎない。倫子の生んだ頼通・教通と明子の生んだ頼宗・顕信・能信・長家とが、出身の位階で差別されたように、娘たちは配偶者の選定で差別を受けていた。

道長のふたりの妻―倫子と明子

次に、息子たちの母親、源倫子と源明子について考えていこう。

まず、源倫子。父親は宇多《うだ》天皇の第三皇子敦実親王《あつざねしんのう》の息子で、左大臣源雅信《みなもとのまさのぶ》、母親は歌人として有名な中納言藤原朝忠《あさただ》の娘、穆子《ぼくし》である。道長との結婚については、道長の求婚を受けた雅信が、娘より二歳年下の「口わき黄ばみたる」青二才なんかに娘をやれるものかというのに対し、夫の浮気心や頼りない我が子に悩む穆子が、道長の「いとど物清くきららか」な人柄に惹かれて早々と話を進めたという。このとき、雅信と穆子は、天皇・東宮は若すぎる、朝光《あさてる》は「かの枇杷の北の方などの煩わしくて」、道隆・道兼は身分違いの恋愛結婚でなどと、花婿候補の男性たちを噂する。この『栄花物語』（巻三）の描写は、娘の結婚に母親が決定権を握っていたという通説よりも、父親と母親が娘の将来を考えて熱心に花婿選びをする光景だとみるのがふさわしいと思われる。

結婚生活は、倫子の実家土御門《つちみかど》殿に道長が通う形で始まり、ほどない永延二年（九八八）に第一子の彰子を生む。

道長と源明子との関係がはじまったのもこのころである。明子の父は醍醐《だいご》天皇第一〇皇子源高明《みなもとのたかあきら》で、雅信と同じ左大臣までつとめた人物、母親についてはよくわからない。もっとも雅信が正暦四年（九九三）まで健在で朝廷で重きをなしていたのに対して、高明は安和《あんな》の変《へん》（九六九年）で失脚し、都《みやこ》に戻っても失意のうちに天元五年（九八二）に亡くなった。明子は叔父の盛明親王《もりあきらしんのう》に引き取られ、ついで道長の姉東三条院詮子《ひがしさんじょういんあきこ》のもとに身を寄せた。道長と明子の関係については、『栄花物語』の記述によって、詮子が弟たちの中から道長を選び、明子を養女扱にして道長を婿取りしたといわれることが多い（『栄花物語』）。また道長には「北の方二所おはします」とも表現される（『大鏡《おおかがみ》』）。しかし、前述したように、詮子のもとでは特別扱いではあっても、宮《みや》の御方《おんかた》と呼ばれ女房の身分にすぎなかった。明子腹の子どもたちに配慮した後代の歴史物語の表現の内実は、道長が、詮子に仕える特別待遇の女房明子と密に関係を結び、詮子の事後承諾をえて高松殿《たかまつどの》に引き取ったということだと思われる。

当時の婚姻慣習では、倫子は親への求婚と許可を得、儀式婚をあげた上で、同居にいたった正妻として、社会的認知を受けた。これに対して、明子は公的には妾、ただ当時の貴族社会の中では、正妻に準ずる扱いを受ける存在として、生涯別居の副妻とか次妻とか呼ばれる身分にすぎない存在となった。

女方と近衛御門

歴史物語『栄花物語』や『大鏡』は、道長の子孫が貴族社会で重きをなしていたころにまとめられている。ふたつの物語の執筆者については、『栄花物語』は女性、『大鏡』は男性であること、いずれも明子の息子たちと親しい関係にあった人物だと考えられている。そのために、ふたつの物語は明子の立場に配慮して、あえて道長の妻倫子と明子があたかも同格の妻であったような書き方をしたのであろう。では、同時代の人々の意識はどのようなものであったのだろうか。

まず、藤原実資《さねすけ》の日記『小右記《しょうゆうき》』では、倫子を「北方《きたのかた》」、明子を「高松殿」と書き分けている。長和元年（一〇一二）六月、道長の関係者の屋敷の辺りに虹が立つという奇瑞《きずい》を記す際に、「高松左府妾妻、陽明門」と、わざわざ明子に「妾妻」との注をつけている。このように、同時代の貴族仲間は倫子と明子を同格にはみなしていなかったことがわかる。

では、ふたりの夫道長は、倫子と明子をどのように扱っていたのだろうか。道長の日記『御堂関白記《みどうかんぱくき》』を読んでいくと、ふたりの妻に対する扱い方の違いがよく現れている。現在残されている日記は、長徳四年（九九八）から治安元年（一〇二一）、道長三三歳から五六歳まで、日記らしくなるのは長保二年（一〇〇〇）二月、彰子の着裳の式からである。

日記では倫子のことをほとんど「女方」と書いているが、一ヵ所だけ、倫子の母穆子を

「一条政所《まんどころ》」と書き、倫子を「家北政所」と記している（寛弘七年三月二五日条）。道長自身、倫子を北の方、正妻であると認識していたことは確実である。それに対して、明子のことはほとんど「近衛御門《このえのみかど》」と記し、「堀河辺」とも呼ぶ。倫子が同じ屋敷に同居する身内の女性であるのに比べて、明子は道長とは別の屋敷に住む存在であった。

明子の立場は、『蜻蛉日記』の作者の立場と極めてよく似ている。さて、『蜻蛉日記』の作者の名前はまったく伝わらない。現代の私たちが彼女を呼ぶときには、藤原倫寧の娘、藤原兼家の妻、藤原道綱の母と、娘・妻・母という家族関係を示す呼び名を使うしかない。これに対して倫子や明子の名前が明らかなのは、彼女たちが公的な身分を獲得したからにほかならない。

倫子は、長徳四年（九九八）一〇月に、東三条院詮子に土御門《つちみかど》と一条の二ヵ所の屋敷を提供した賞として、従三位を授けられた。こうして倫子は、夫とは別個の彼女自身の政所をもつ身分となった。さらに、長保元年（九九九）一一月、彰子入内の後に輦車《れんしゃ》の宣旨《せんじ》を受けて、内裏の門まで輦車の使用を許された。寛弘五年（一〇〇八）彰子が敦成親王（後一条天皇）を生んだことによって、従一位を授けられた。これは、道長の譲りによるものではあったが、キサキ身分や後宮女官でもない女性が一位の身分を得るはじめての例である。長和五年（一〇一六）六月には准三宮として、年官・年爵の権利と封《ふ》三〇〇〇戸を賜った。「家の女」である倫子は、左大臣の正妻、中宮の母、天皇の外祖母という立場で公的な身分を獲得した。

明子もまた従三位の位階をもっていた。明子が位階を持つに至った経過は不明ながら、娘寛子が小一条院のキサキになったことで、公人としての地位を得たのであろう。寛仁二年（一〇一八）一〇月、臨月《りんげつ》を間近にした寛子の安産を祈るためであろうか、明子は小一条院と連れ立って法性寺《ほっしょうじ》へ参詣したり、法華八講《ほっけはっこう》に「北方」に並んで捧げ物を供えたりと、このころからようやく外出姿が記録されるようになる。道長の妻としてではなく、小一条院のキサキの母として世間に認知されるようになったのである。

倫子は寛弘四年（一〇〇七）正月に嬉子を生み、彰子からの祝いを受けた道長は、「皇后が母のために出産祝いをするなど、いまだかつてないことだ」と、手放しで喜んだ。このとき、倫子は四四歳。出産が死と隣りあわせだった時代に、四〇代での出産は大変なことだったに違いない。もっとも、この二年前には、明子が末子長家《ながいえ》を生んでいる。これまでも、倫子と明子とは同じように子どもを生んできた。まず倫子が彰子（永延二年〈九八八〉）を生み、正暦三年（九九二）には倫子から頼通、明子から頼宗が誕生、結局、倫子は二男四女、明子は四男二女の母になる。

しかし、道長が公的な場所に連れていくのは正妻の倫子に限られていた。彰子が入内し、続いて妍子、威子、嬉子が後宮に入ったことにより、常に倫子が後宮へ出入りする必要があったことは確かだが、日常的にも道長と倫子は連れ立って行動することが多かった。毎年の賀茂祭《かものまつり》の桟敷《さじき》での見物、法住寺や仁和寺《にんなじ》、清水寺《きよみず》、平野社《ひらの》、石清水八幡宮《いわしみずはちまんぐう》などの神社仏閣参詣、宇治《うじ》の別荘での遊覧など頻繁に同じ牛車《ぎっしゃ》に乗って出かけている。実に仲の良い熟年夫婦の光景にしかみえない。

これに対して日記には明子と一緒に外出する記事はみえない。ただ、明子の娘たちを法華三十講の聴聞《ちょうもん》に誘ったり、清水寺を案内したりすることはあったようである。日記では、長和五年（一〇一六）一〇月、明子のところを訪れて「経営雑事」について尋ねている。末子長家の元服や尊子の着裳に対する準備のためだったのかもしれない。翌年四月にふたりの成人儀礼がおこなわれる。寛弘四年（一〇〇七）のふたりの着袴は、近衛御門の屋敷でおこなわれたようだが、今回は道長邸のいずれかの東対《ひがしのたい》でおこなわれたと解釈されている（山中裕編『御堂関白記全注釈』高科書店　二〇〇六年）。嬉子の着裳は道長邸の寝《しん》殿《でん》でおこなわれているから、成人儀礼の場所や規模にも差別があったようである。

倫子は九〇歳、明子も八五歳と、当時の女性としては異例なほどの長寿を誇った。倫子は四女嬉子の死をきっかけに治安元年（一〇二一）に出家、明子はそれより早く寛仁三年（一〇一九）に出家している。明子の出家は道長の病気治癒を願ってのものだとされる。

なお、明子は晩年娘尊子とその夫源師房と同居していたことが明らかである。

正妻の子と妾妻の子

政敵に関しては、その子女まで徹底して蹴落《けお》とす方針をとった道長も、家族に対してはあふれんばかりの愛情を注ぐ。

明子の息子顕信が突然比叡《ひえい》山に登って出家してしまったときは、嘆く明子を慰めるために近衛御門へ出かけ、寛子が病気になると見舞いに訪れる。また、倫子が「瘧病《おこりやまい》」にかかったときもずいぶんと気を配り、倫子の母穆子が臨終《りんじゅう》に陥ったときは、一ヵ月の間にたびたび見舞いに行き、死後の法事も丁重におこなっている。倫子と明子は同じような時間の経過で六人の子どもを儲けていることは前項で述べた。道長自身は、倫子にも明子にも同じように愛情を注いだといえるかもしれない。しかし、道長は、倫子腹の子どもたちと明子腹の子どもたちとを平等に愛していたのだろうか。

長保三年（一〇〇一）九月八日、なにかと道長を引き立ててくれた姉東三条院詮子の四〇の賀が、土御門邸でおこなわれた。その前日、内裏清涼殿《せいりようでん》に一条天皇が出御《しゆつぎよ》して試楽《しがく》がおこなわれた。次々に舞が披露され、道長のふたりの息子も舞楽を舞った。まず一〇歳の田鶴君《たずぎみ》（頼通）が龍王（陵王《りようおう》）を舞う。いうまでもなく倫子腹の長男である。舞が終わると殿上に召され、御衣《おんぞ》を賜った。道長は、田鶴君が清涼殿から下りる介添《かいぞ》えをし、さらに拝舞して「天長地久」と唱った。次に明子腹の九歳の少年（頼宗《よりむね》）が納蘇利《なそり》を舞った。

納蘇利の舞は素晴らしく、感嘆しない者はいなかったと『小右記』は記している。

祝賀当日は、天皇の行幸《ぎょうこう》を仰ぎ、東三条女院、中宮彰子、公卿・殿上人《てんじょうびと》がこぞって参加する、大ページェントである。献上の品々が披露され、一同にお菓子や酒が振る舞われた。夕暮れが迫り、天皇は少年らの龍王と納蘇利の舞を所望された。やはり納蘇利は「極めて優妙《ゆうみょう》」で、天皇も感激の様子であり、参会者の中には感動のあまり涙を拭う者さえいた。天皇は舞手の師匠多吉茂《おおのよししげ》に賞して位階を与えた。ところが、この結果に道長は不快感をあらわにし、ついに宴の座を立って室内にはいってしまった。人々はおかしなことだ、とささやきあった。

この間の事情について実資は次のように記している。龍王は道長の「愛子」であり、中宮の弟で「当腹の長子」であるのに対して、納蘇利は「外腹子、其の愛は猶《なお》浅し」と。つまり、頼通は土御門邸に住む倫子の長男であり、中宮の同母の弟であるのに対して、頼宗は異腹の子にすぎない。にもかかわらず頼宗だけが異例の賞賛を受けたことに、道長が「忿怨《ふんえん》」したというわけである。

道長にとって、自分の築いた栄華は、倫子との間の子どもたちが共有するもので、明子の子どもたちは二番手にすぎないことを態度で示した。この二組の子どもたちへの扱いの違いは、道長だけではなく、貴族社会全体が共有するものであった。正妻の子どもたちと妾妻の子どもたちとのあからさまな差別は、次の世代において、頼通・教通と頼宗・能信らとの抗争を生む一因となった。

さまざまな正妻の姿

こなみとうわなり

奈良平城宮跡の北側に深い緑でおおわれた丘がいくつもみえる。これは、佐紀盾列古墳群《さきたたなみこふんぐん》と呼ばれる四~五世紀の前方後円墳群《ぜんぽうこうえんふん》で、この中に、宇和奈辺《うわなべ》古墳、小奈辺《こなべ》古墳と名づけられた前方後円墳がある。いつからこの名前で呼ばれていたのかはわからないが、宇和奈辺は「うわなり」、小奈辺は「こなみ」のことだといわれる。

『和名類聚抄《わみようるいじゆうしよう》』という古い字書《じしよ》に、後妻の和訓を「宇波奈利《うわなり》」といい、前妻を「毛止豆女《もとつめ》」または「古奈美《こなみ》」というとある。「うわなり」は、前からあるものの上にさらに加えるという意味だという。「うわなり」、「こなみ」のことばは、古くから使われている。

神武天皇東征《じんむてんのうとうせい》の終盤、大和《やまと》の宇陀《うだ》で在地の支配者兄猾《えかし》を討ったことを祝って謡ったという有名な久米歌《くめうた》にこのことばがみえる。

宇陀《うだ》の　高城《たかぎ》に　鴫羂張《しぎわなは》る　我《わ》が待《ま》つや　鴫《しぎ》は障《さや》らず　いすくはし　鷹等障《くじらさや》り　前妻《こなみ》が　肴乞《なこ》はさば　立稜麦《たちそば》の　実《み》の無《な》けくを　幾多聶《こきしひ》ゑね　後妻《うわなり》が　肴乞《さかなきつ》はさば　斎《いち》賢木《さかき》　実《み》の多《た》けくを　幾多聶《こきだひ》ゑね

宇陀の高城で鴫をとる罠を張って待っていると、鴫はかからないで、なんと鷹がかかった。前妻が獲物を欲しいといってきたら、痩せたソバのような身のないところを削ってやろう。後妻が獲物を欲しいといってきたら、柃《ちさかき》のような身のたくさん付いているところを削ってやろう。

（『古事記《こじき》』日本思想大系　岩波書店）

久米歌は遅くとも七世紀には謡われている。歌詞を読むと、古《ふる》女房のこなみと若い可愛いうわなりが、共にひとりの男の側にいる状態がわかる。七世紀には、前妻と離婚した後に、後妻をめとるという婚姻習慣は成立しておらず、夫婦の形があいまいな状況が歌謡として人々に歌われていたことを示す例である。

うわなり討ち

さて、時代はずいぶん離れるが、戦国時代の末ころの老婆の思い出に「うわなり討ち」という習俗が語られる。夫婦が離婚してから、一ヵ月たたないうちに夫が後妻を迎えたなら、前妻は親族・同僚の女たちを集めて、後妻を襲う習いがあった。女たちは手に手に竹刀《しない》や箒《ほうき》をもち、台所から襲撃する。後妻の側も人を集めてこれを迎え撃つ。男どもはいっさい口を出せない。適当なところで仲裁が入り、この後は前妻も怨みに思わないという。滝沢馬琴《たきざわばきん》の『烹雑《ほうざつ》の記《き》』や山東京伝《さんとうきょうでん》の『骨董集《こっとうしゅう》』に引かれた話である（『日本随筆大成』吉川弘文館）。

能の舞台で現在もたびたび上演される曲に「三山《みつやま》」がある。これは、中大兄皇子《なかのおおえのおうじ》が大和《やまと》三山を歌った長歌

香具山《かぐやま》は　畝傍雄々《うねびおお》しと　耳梨《みみなし》と　相《あい》あらそひき　神代《かみよ》より　斯《か》くにあるらし　古昔《いにしえ》
も　然《しか》にあれこそ　うつせみも　嬬《つま》を　あらそふらしき　（『万葉集』巻一　一四）

男らしく立派な畝傍山の男神を慕って、香具山と畝傍山の女神が争った。神代の昔からそうであったように、現在でもツマをめぐって争うものらしい。

の本歌取りともいえる謡曲である。本歌は、「畝傍雄々し」の句を「畝傍愛し」の意だとして、畝傍山を女、耳成山と香具山を男とする解釈もある。中大兄皇子（天智《てんじ》天皇）が、額田王《ぬかたのおおきみ》をめぐって同母弟大海人皇子《おおあまのみこ》（天武《てんむ》天皇）と争ったことを歌ったものだという解釈である。一方、能のほうは、ふたりの遊女がひとりの男を争い、敗れた女（耳成の里に住む桂子《かつらこ》）が男を奪った女（香具山の里に住む桜子《さくらこ》）にうわなり討ちをした上で、男をあきらめて去っていく、という筋書きとなり、桂子が桜子に枝を打ち振るしぐさが見所になっている。この曲は世阿弥《ぜあみ》の作といわれるから、室町時代の前半にも、うわなり討ちの習俗

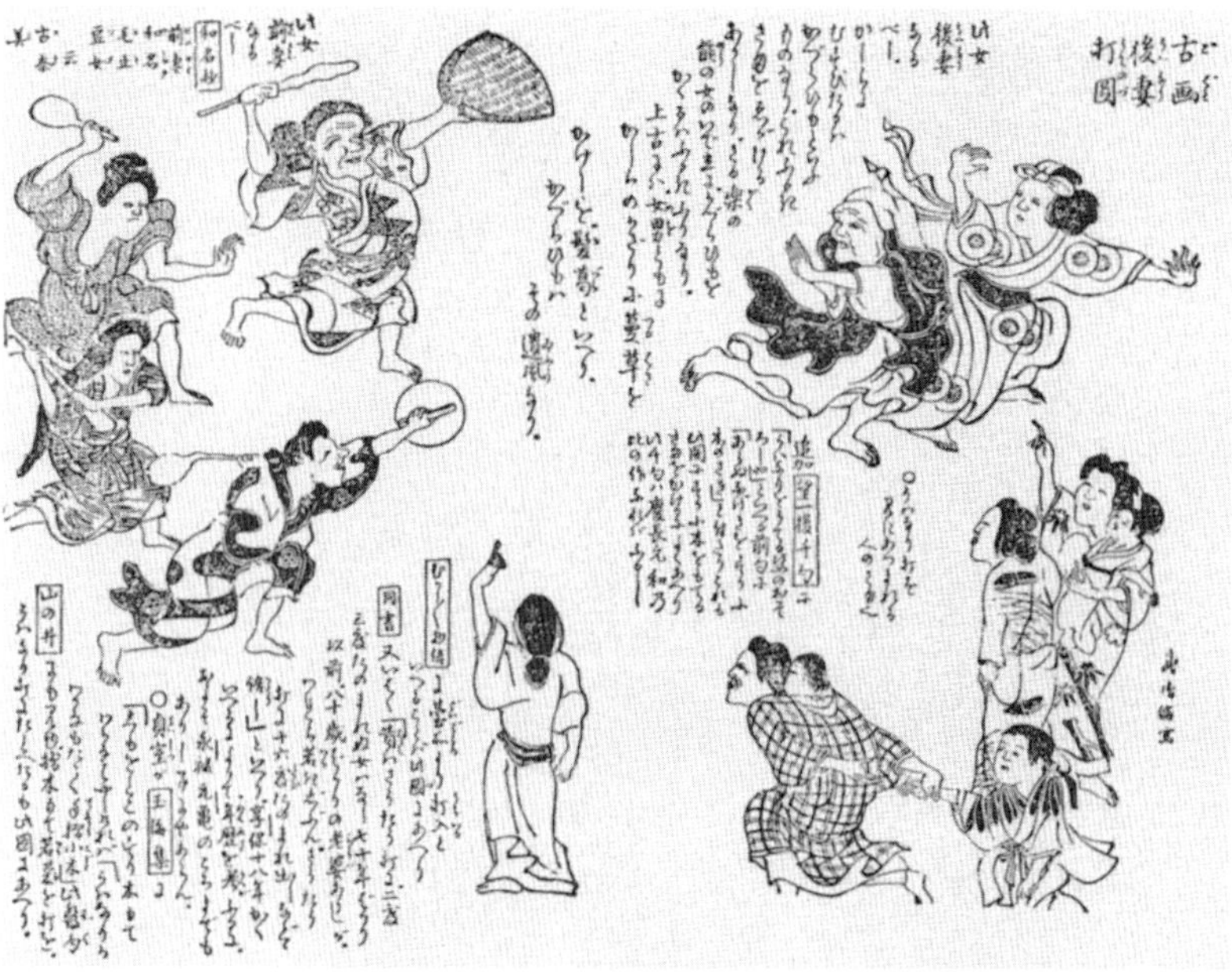

うわなり討ちの図

前妻たちは，すりこぎ，しゃもじなどの台所用品を手にしている．（山東京伝『骨董集』所載）

がみられたものであろう。

実は、平安時代の貴族社会でもうわなり打ちはおこなわれていた。寛弘七年（一〇一〇）二月、藤原行成《ゆきなり》のもとへ、為尊親王《ためたかしんのう》の妻が暮らす鴨院から使いが走ってきた。鴨院の西対《にしのたい》に教通《のりみち》の随身《ずいじん》や下女三〇人ばかりが乱入し狼藉《ろうぜき》の限りを尽くしていると告げた。為尊親王の妻は行成の叔母にあたり、行成の息子良経《よしつね》は親王の宮で育てられるほど親しい関係にあった。為尊親王の没後、行成は親王の屋敷の管理を任されていたようで、親王の妻は引き続き鴨院の東対に移り住んでいる（黒板伸夫『平安王朝の宮廷社会』吉川弘文館　一九九五年）。そのような関係から、行成に注進《ちゅうしん》がきたのであろう。さっそく行成が鴨院の西対に行ってみると、事件は西対に住んでいる源兼業《みなもとのかねなり》の未亡人のもとへ、大中臣輔親《おおなかとみのすけちか》が住み着き、これに嫉妬した藤原教通の乳母蔵命婦《くらのみょうぶ》が随身や下女に命じて襲わせたことがわかった。

長和元年（一〇一二）二月、蔵命婦は輔親の屋敷で同様のことを繰り返し、「宇波成打《うわなりうち》」だと堂々と述べた。このときは、道長の知るところとなりついに逮捕者まででる始末となった（『御堂関白記《みどうかんぱくき》』）。最初のうわなり討ちの後、大中臣輔親は源兼業未亡人を自宅に迎えて暮らすようになっていたのである。

こなみである蔵命婦が、うわなりに対して二度のうわなり討ちを仕掛けたことになる。

摂関《せっかん》期には、近世のようなうわなり討ちのルールが完成されていなかったようで、二回にわたって男の従者まで伴っての狼藉となった。しかし、前妻と後妻の関係は久米歌とは異なり、いわゆる不倫関係の時期があったとしても、夫と妻は一対となっている。

和泉式部の恋

すぐれた評論家でもある紫式部《むらさきしきぶ》は、歌人としての和泉式部《いずみしきぶ》を正統な歌人ではないけれども、あふれ出る感情を素直に詠む才能はすばらしいと高く評価した。しかし、紫式部は、和泉式部の生き方については「けしからぬかたこそあれ」と、批判的であった。和泉式部の恋愛遍歴《へんれき》は、紫式部だけではなく同時代の貴族階級の人々からみても「けしからぬ」（感心できない）ものであったことは、歴史物語や説話集からも伺える。

　和泉式部の父は大江雅致《おおえのまさむね》、大江氏は代々文章博士《もんじょうはかせ》を出している学問の家柄で、赤染衛《あかぞめえ》門《もん》の夫大江匡衡《まさひら》の兄だったと推測されている。山中裕によれば、雅致は、冷泉《れいぜい》天皇の皇后だった昌子《しょうし》内親王の乳母介内侍《すけのないし》と結婚した。その後、雅致は内親王の宮の役人となり、和泉式部も少女のころから昌子内親王の宮に仕えたという。このころ彼女は御許丸《おもとまる》と呼ばれている。和泉式部の親子は、家族ぐるみで昌子内親王に仕えていた（山中裕『和泉式部』吉川弘文館　一九八四年）。

　和泉式部の最初の夫は橘道貞《たちばなのみちさだ》。彼は、受領《ずりょう》を歴任して蓄財にもたけ、贅《ぜい》をこらした邸宅をもつ中年の男だった。結婚してまもなく和泉式部は妊娠する。娘（小式部内侍《こしきぶのないし》）が誕生した時に道貞は、「たれかおや」、父親は誰だね、ということばを妻に投げかけた。結婚以前の妻の恋愛沙汰を道貞も承知していたようである。

長保元年（九九九）、道貞は和泉守となり任地に赴いた。このときは和泉式部も同行する。彼女の通称はこの時の夫の任地和泉からとられている。この時、道貞の留守宅は、和泉式部の父雅致が管理したらしい。この年の七月、藤原道長の長男田鶴君《たずぎみ》（頼通《よりみち》）が病気にかかると、療養のために道貞邸が提供された。九月には雅致の推薦で道貞は昌子内親王の宮の権大進を兼務した。翌月、昌子内親王が発病、安倍晴明《あべのせいめい》の占いの結果、内親王は道貞邸に移りこの屋敷で亡くなった。この時は、道貞と和泉式部は帰京して内親王の葬儀の世話にあたっている。任国に赴いた受領の空き屋敷は、公卿クラスの方違《かたたが》えや病気療養、そして穢《けが》れを嫌う上流貴族の出産や臨終《りんじゅう》の場に提供されることが多かった。受領たちは都《みやこ》を留守にしている間も、こうして実力者に便宜を図り、繋がりを密《みっ》に保っていた。

昌子内親王の逝去《せいきょ》後、道貞が和泉国に戻っても、和泉式部は都に留まる。長保三年（一〇〇一）ころ、冷泉天皇の皇子為尊《ためたか》親王との恋愛がはじまった。この恋は、親王の病死によって一年たらずで終わってしまった。為尊親王の正妻は、藤原伊尹《これまさ》（師輔長男、一条摂政）の第九女で、親王の死後は出家して尼となった。一方、和泉式部は親王の弟敦道《あつみち》親王との恋に堕《お》ちていく。

長保五年一二月、和泉式部は敦道親王の宮（冷泉南院）に移り住んだ。彼女の身分を考えれば、もちろん親王の妻としてではない。あくまでも、親王の身辺に仕え愛人関係をもつ女房、召人《めしうど》と呼ばれる妾というあいまいな待遇であった。このように身分下の女を屋敷内に住まわせることは、妻の同意のもとで可能ではあった。ただ、こうした状況が夫婦、家族の関係を不安定なものにしたことはいうまでもない。親王の正妻（藤原済時《なりとき》の次女）はこの状況を許すことはできずに、親王の屋敷を出ていった。しかし、中流貴族として、有利なポストをめぐって権門勢家《けんもんせいか》（天皇一族や摂関家）に奉仕するしか道のない橘道貞にとっては、黙しているより仕方がなかったのだろう。式部はこのまま、ずるずると親王と暮らすことになる。

夫道貞の決断

和泉式部と敦道親王との恋は、人目をはばかるどころか、むしろわざと人目を引くようなものであった。賀茂祭《かものまつり》の斎院行列といえば、都中の人々が見物に集まる大イベントであった。寛弘二年（一〇〇五）の祭の時のこと、ふたりは一番目立つ場所に牛車《ぎっしゃ》を停め、車の正面に下げる簾《みす》をわざわざ縦半分に切って、親王の側の簾は上げ和泉式部の側だけは下して、物忌《ものいみ》の札をつけて女衣の裾《すそ》を地に付くほど垂《た》らしておいた。見物人は、祭見物よりも牛車のほうにばかり気を取られてしまったという。

この事件の前年、夫の道貞は陸奥《むつ》守に任じられた。三月中旬には、道長邸を訪れて別れの杯を交わし、さまざまな餞別《せんべつ》を贈られて陸奥へと出立した。和泉式部は敦道親王との恋に溺れたままである。この間の道貞の思いはわからないが、相手が親王の身分では妻を取り返すこともできず、離婚しても和泉式部が親王の妻になることはありえない。中途半端な状態のままで道貞は単身赴任をする。和泉式部も、夫に対して離婚の意志を示してはいない。それどころか、陸奥に行った夫のもとに

もろともに　たたましものを　陸奥《みちのく》の　衣《ころも》の関を　よそに聞くかな

（『和泉式部集』八四七）

という歌を送っている。式部は、本来ならば陸奥国へ同行しなければならない妻であるのに、と考えていたようだ。

道貞の側は、和泉式部の思いにもかかわらず、着々と国司《こくし》の仕事をこなしていった。都との連絡も怠りなく、相撲人を使者にして陸奥産の名馬を朝廷に贈っている。赴任から半年後、ついに道貞は都から妾と子どもを呼び寄せた。この妾は出発に際して、道長邸へも挨拶に行き、道長の側も餞別などを贈っている。この時点ではまだ公には和泉式部が正妻で、陸奥に発った女性は妾と呼ばれている。しかし妾が公認されたことで、道貞と和泉式部との夫婦仲が破綻《はたん》したことは周知の事実となった。

寛弘四年（一〇〇七）、敦道親王が亡くなり、翌々年、道貞は任期を終えて帰京した。この間に、式部は中宮彰子《しょうし》の女房に迎えられている。長保二年（一〇〇〇）暮に皇后定子《ていし》が亡くなってから、一条《いちじょう》天皇の後宮《こうきゅう》に彰子のライバルは存在しなかった。しかし、道長は彰子のために紫式部、赤染衛門のような才能から、政争に敗れたライバルの娘たちまで、彰子のサロンに集めていた。道長は式部を「浮かれ女《め》」とからかいながらも、和歌の才に加え、彰子のサロンに欠ける華やぎをもつ式部を高く評価して、彼女を彰子の女房のひとりに迎えることにした。

帰京後の道貞は道長への奉仕を怠りなく続けている。しかし、帰京後の道貞が式部と会うことはなかった。寛仁二年（一〇一八）正月二一日、政始《まつりごとはじめ》の事の大饗《だいきょう》（宴会）で摂政頼通が新調した四尺倭絵屏風《ししゃくやまとえびょうぶ》に和泉式部が和歌を詠《よ》んだ。このときの呼び名は江式部《ごうのしきぶ》（『御堂関白記』同日条）である。後宮女房となって一〇年ほどの間に、左馬頭《さまのかみ》藤原保昌《やすまさ》の正妻になっていたのである。おそらく、橘道貞が陸奥守の任を終えて帰京したときに、和泉式部との婚姻関係は解消され、数年後に藤原保昌と再婚したのであろう。

召人という存在

「浮かれ女」の「けしからぬ」振る舞いと言われた和泉式部の生き方は、女房出仕《しゅっし》をした女性のひとつの典型であった。和泉式部の場合は、親王の召人と、受領の正妻との間を揺れ動いた。しかし、女主人の従者、その夫の召人として過ごす女性も多かった。

『平中物語《へいちゆうものがたり》』の主人公は在原業平《ありわらのなりひら》と並ぶ恋物語の主人公である。平中の本名は平定文《たいらのさだふん》（八七一～九二三）、最高位が従五位上という出世できない貴族だった。彼はにくからず思う若い女を、自分の屋敷に連れてくる。しかし、平中の妻はこの女に嫌みを言っていじめ、とうとう追い出してしまった。妻に頭のあがらない平中は、女との別れをただ嘆く（『大和物語《やまとものがたり》』六四）。

一方、ある男が筑紫《つくし》から女を連れてきた。こちらは妻が良い性格だったので、この女と仲良く暮らす。しかし、筑紫の女は別の男と浮気をしてしまう。妻は女の浮気に目をつぶり夫に告げずにいた。結局、夫にもあきられた女は故郷の筑紫に帰ることになる。夫と妻はこの女を山崎まで見送り一夜語り明かす。やさしいよくできた妻であった（『大和物語』一四一）。

どちらも、夫が愛人を妻のもとに連れてくる話である。女性の立場からみればなんと身勝手なということになるが、連れてこられ据《す》えられた女は、妻と同格の存在ではない。妻にとっては女房、夫にとっては「召人」ということになる。もちろん、平中の妻のように、気に入らなければ追い出すこともできる。

実頼《さねより》・兼家《かねいえ》・道隆《みちたか》と、三世代に及ぶ実力者に愛された近江《おうみ》は、兼家の屋敷では「対《たい》の御《おん》方《かた》」と呼ばれていた。近江の待遇は、『源氏物語』の紫　上《むらさきのうえ》が、光源氏に引き取られた当初、対《たい》の屋《や》に据えられ「対の御方」と呼ばれていたのと同じ状況である。近江と兼家との関係は、兼家の正妻である時姫《ときひめ》の生存中にはじまり、時姫の死後（天元三年〈九八〇〉）に対の屋に住むことになったようである。永延元年（九八七）年、彼女の生んだ綏子《すいし》が、兼家に残された最後の珠《たま》として、居貞親王《おきさだ》（三条天皇《さんじょう》）のキサキ（添い臥し）に選ばれた。兼家がいかに強引な政治家であっても、召人所生の綏子が入内《じゅだい》するについては、綏子を兼家の本邸に住まわせていなくてはならない。

実は、『蜻蛉日記《かげろう》』の作者も、近江と同じような立場を得ようとして、兼家に忘れ去られていた孤児を養女としようとしたことがあった。このときは、娘だけが兼家邸に引き取られた。この娘はキサキにはふさわしくない性格の女性であることが知れ渡り、結局詮子《せんし》の女房（宮の宣旨《せんじ》）として出仕することとなった。この宮の宣旨は、『源氏物語』で玉　鬘《たまかずら》に対抗して頭　中　将《とうのちゅうじょう》が探し出した娘近江のモデルかと思われる。『蜻蛉日記』の作者のかなわなかった夢を実現したのは近江であった。

兼家の晩年に身の回りの世話をしていたのは、「権北の方《ごんきたのかた》」と呼ばれる女性である。彼女は、「内侍《ないし》のすけ」（大輔《だいすけ》）の通称をもつ超子《ちょうし》の女房であったといわれる。大輔の呼称「権北の方」の「権」は、「権大納言」とか「権中将」と使われる「権」と同様、本来の資格より一段劣ったものとみなされ、近代によく使われた「権妻《ごんさい》」、つまり妾の意味に近い。

近江と大輔とは、同一人物ではないかとも考えられる。いずれにしろ、召人であった彼女たちは、「対の御方」とか「権北の方」と呼ばれる存在から上昇することはできなかった。

実資の掌中《しょうちゅう》の珠ともいえるただ一人の女の子、「かぐや姫」の母親も、実資の正妻婉子《えんし》の兄弟である源頼定《よりさだ》の乳母子《めのとご》で、婉子の女房という経歴の女性であった。女主人の夫の愛人となった彼女もまた、婉子の死後でも実資の召人というあいまいな身分に留まった。彼女の生んだ「かぐや姫」は、実資の深い愛情に包まれながらも、貴族社会の中では召人の娘として、配偶者選びであれこれと障害が出ている。

天皇の女御《にょうご》・更衣《こうい》になったり、親王・大臣家の正妻となれるのはごく一握りの上流貴族の女性だけであった。「受領の北の方」と呼ばれることこそ、中流貴族女性の幸せだと考えられていた。上流貴族のもとに女房として仕えることは、「受領の北の方」の座を手に入れる手段のひとつであった。しかし、女房出仕した女の中には、幸せを手に入れながら、そこに収まりきれなかったり、主人側の男たちの愛人＝召人になるしかなかった女たちも多かったのである。

冬嗣の息子たちと基経の息子たちとの境界線

正妻という存在が、次妻、副妻、召人、妾などとは異なる地位を獲得するのはいつからだろうか。

律令法では、貴族層に対して妻＝正妻を届け出ること、嫡子《ちゃくし》と庶子《しょし》との区別を設けることを義務付けた。蔭位《おんい》の制度も嫡子と庶子とを区別して適用される。このために、奈良時代でも同居する正妻の存在が確認できることは、すでに述べたとおりである。ただ、実際には、前代からの慣習を引きずって、正妻と他の妻との間に社会的地位の違いはみられず、子どもの出身の階についても、正妻の子どもと他の妻の子どもとで区別されることもなかった。藤原不比等《ふじわらのふひと》の四人の息子のうち、武智《むち》麻呂《まろ》・房前《ふささき》は母が同じ、宇合《うまかい》・麻呂《まろ》は母を異にする（『尊卑分脈』は宇合の母を二兄と同じとする）。四人の出身の階は、武智麻呂だけが二二歳のときに別勅によって正六位上、他の三人は二三歳で正六位下《しょうろくいのげ》を授けられている。母の違いではなく、先祖の承継者として武智麻呂だけが嫡子《ちゃくし》とされたのである。武智麻呂の子どもでは、長男の豊成《とよなり》が正六位下から役人としてスタートするのに対して、同母弟仲麻呂《なかまろ》は、大学少允《だいがくのしょうじょう》（従七位《じゅしちい》上相当官）を経ている。房前、宇合の息子たちについては、出身の階が推測できない。

平安時代に入って、兄弟の経歴がわかる例は冬嗣《ふゆつぐ》の息子たちである。長良《ながら》・良房《よしふさ》・良相《よしみ》は尚侍《ないしのかみ》藤原美都子を母とする同母の兄弟、良方《よしかた》、良輔《よしすけ》・良門《よしかど》、良仁《よしひと》、良世《よしよ》はそれぞれ母

複数の妻と子ども

冬嗣の妻子
尚侍藤原美都子(791-827)
長良(802)
良房(804)
良相(813)
大庭王女など
良方(?)
良輔(?)
良門(?)
良仁(819)
良世(824)

長良の妻子
難波淵子
国経(828)
遠経(?)
藤原乙春
高経(834?)
基経(836)
弘経(?)
清経(843)
季平(?)
高子(842)

基経の妻子
人康親王女
時平(871)
仲平(875)
忠平(880)
穏子(885)
頼子(?)
忠良親王女
兼平(875)
操子女王
温子(872)

忠平の妻子
頎子(宇多皇女　875-925)
実頼(900)
昭子(右大臣源能有女)
師輔(908)
師氏(913)
師尹(920)

兼家の妻子
時姫(?-980)
超子(?)
道隆(953)
道兼(961)
詮子(962)
道長(966)
蜻蛉作者(?-995)
道綱(955)
対の御方(太宰大弐藤原国章女)
綏子(974)

師輔の妻子
藤原盛子(?-943)
伊尹(924)
兼通(925)
安子(927)
兼家(929)
忠君(?)
登子(?)
○(?)
怤子(?)
右大臣顕忠女 or 常陸介公葛女
遠量(?)
遠基(?)
遠度(?)
雅子内親王(?-954　西四条宮)
高光(939)
為光(942)
尋禅(943)
愛宮(?)
康子内親王(920-957)
深覚(955)
公季(957)

(　)内は誕生年.

を異にする。彼らはいずれも従五位下以下の位階から出身しているから、母による出身の差別はみられないことになる。ただ、その後の出世では、長良・良房・良相の三兄弟が他を圧している。ついで、長良の息子のうち、基経《もとつね》は良房の猶子《ゆうし》になって、一九歳で従五位下から出身する。一方、基経の同母弟の清経《きよつね》と母の違う国経《くにつね》は共に従六位以下から出身し、五位に達するのは清経で二四歳、国経で三二歳である。つまり、冬嗣や長良の子どもたちが、はじめて位階をもらうころ、九世紀の半ば以前までは、正妻の子どもでも他の妻の子どもに比べて出身の階で特別扱いをされていないこと、ただ、その後の位階の上昇では正妻の子どもが他の妻の子どもに比べて早いことが確認される。

　基経の息子からは、出身の階が明記される例が多くなる。人康親王《ひとやすしんのう》の娘を母とする、時《とき》平《ひら》・仲平《なかひら》・忠平《ただひら》は同じ正五位下から出身する。しかし、忠良親王《ただよししんのう》の娘を母に持つ兼平《かねひら》は従五位上と一階差をつけられ、しかも、仲平と同い年であるにもかかわらず、五歳下の忠平と一緒に元服《げんぷく》させられた。昇殿《しょうでん》が忠平だけに許されたのも、道長の息子たちと同じ扱いである。母親の家柄はまったく同じであるから、異腹の兄弟への扱いの差は、母親が正妻であるか、そうでないかの差だと考えるのが妥当だろう。

　このように、藤原氏の子どもたちの貴族社会への出発点に注目して、彼らの母親の妻としての立場を考えると、正妻制が確立されるのは、基経の子どもたちの時代であったと結論付けられる。奈良時代では、律令的な嫡子優遇はおこなわれているものの、あくまで嫡子ひとりに限定されていた。その後、スタート時点での差別はないが、正妻の子どもが他の子どもに比べて出世のスピードが速くなる傾向が生じる。さらに、基経の世代以降になると、正妻の子どもたちは一律に他の妻の子どもたちよりも優遇されることになった。また、この時代から有力者の子弟は、従五位下を出身の階とすることが標準とされてくる。正妻制の確立は、律令制を捨てていわゆる王朝国家体制へと転換する時期とほぼ重なると言ってよいだろう。

女性の寿命と再婚問題

『大鏡』に登場する男性一六八人、女性四四人の死亡年齢の平均は、男性五六・五歳、女性四八・八歳になる。『大鏡』は、平安時代、摂関政治の最盛期の貴族たちを生き生きと描いた歴史物語である。『大鏡』の登場人物は、一般社会はいうまでもなく、貴族社会全体でも上流に属す人々であって、衣・食・住に恵まれていることはもちろん、長い寿命を保ったことでより高い官職を手に入れた人々でもある。

まず、左のグラフをみてほしい。これは『大鏡』の登場人物のうち、九世紀から一一世紀に実在した男女で、生没年が確認できる人たち、男性一六八人と女性四四人、さらに死因や臨終《りんじゅう》時の描写などから死亡年齢を推測できる一八人の女性を加えて、死亡した年代をグラフにしたものである。男性のグラフは、五〇代を頂点として前後に自然なカーブをつくる。女性の方は、二〇代から三〇代に大きな山をもち、それ以降はほぼ同じような割合になっている。若くして亡くなった女性で死因の明らかな例によれば、懐妊《かいにん》や出産を原因としていることが多い。

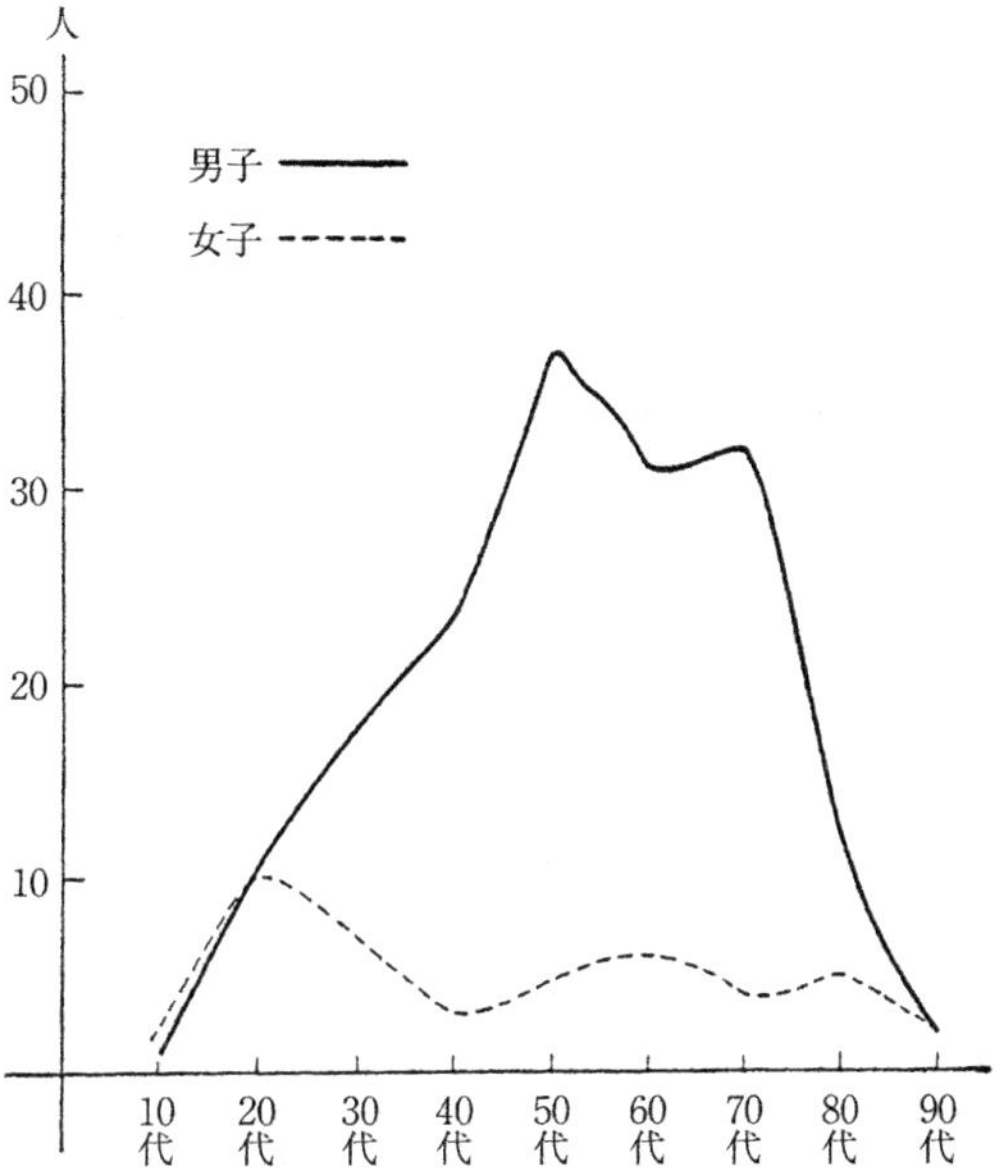

『大鏡』登場人物の死亡年代

医療の発達した現代でも、出産にはさまざまな危険が伴う。このため妊娠中の中毒症や高血圧、貧血、出産時の異常、出産後の心身への負担などに対して、妊婦の家族や医師、助産師などが協力して見守っている。まして、医療の未発達な平安時代にあって、日常的に体を動かす用も少ない貴族女性の出産は、命を賭《か》ける仕事であった。

このグラフでは現代とは逆に、

男性の寿命のほうが女性より七・七歳長いことがもうひとつの特徴である。女性が出産によって若くして亡くなる例が多いのだから、男性の再婚の可能性は当然高くなる。

平安貴族の一夫多妻制《いっぷたさいせい》（正確には一夫一妻多妾制《たしょうせい》）の中には、同時期におおぜいの配偶者をもつ場合と、再婚、再々婚によって複数の配偶者がいるようにみえる場合がある。道長の場合のように同時期にふたりの女性が子どもを生んでいる例は前者、忠平の子どもたちのように、母ごとに兄弟の年齢が固まっている例は後者と考えられる。母親の名前と子どもの生年が正確にわかる例は多くはないが、『尊卑分脈《そんぴぶんみゃく》』という貴族の系図に、異母子間の年齢をはめ込んでいくと、ある程度の傾向がみえてくる。一般にイメージされているように、平安貴族が同時期におおぜいの妻を持っていた、という例はそれほど多くない。むしろ、複数の妻を持っていたようにみえる場合でも、最初の妻が死亡し、再婚・再々婚をしていることが多いのに驚かされる。一時期に複数の妻が重なる例でも、その数はふたりかせいぜい三人であり、死亡や離婚などよって妻が交代することが多かった。

皇后の不安定な立場

ここまで、貴族社会の正妻について述べてきた。次に、貴族社会の頂点に立つ天皇の正妻、皇后について触れておきたい。「奈良時代の家族と婚姻」の章でも述べたように、皇后の資格は皇女に限られていた。これは、律令制導入以前の大和《やまと》朝廷の中で、皇女に特別な神性《しんせい》を認め、天皇の配偶者に皇女を必要としたためであった。特に、王権が危機的な状況に陥ったときは、ライバル関係にある王統の皇女を奪ったり、異常にもみえる異母キョウダイ婚やオジ・姪婚などの近親婚を重ねて、王権を守ってきた。しかし、皇女キサキへのこだわりは、淳和《じゅんな》と正子《まさこ》内親王との皇子恒貞《つねさだ》親王が皇位につけなかった事件（承和《じょうわ》の変）をきっかけに変化する。仁明《にんみょう》から宇《う》多《だ》まで六代の天皇には、内親王キサキは入内しなかったし、皇后そのものを立てることもなかった。皇女皇后の神性を必要としない時代に入ったのである。

幼帝の即位が連続する時代には、幼帝を補佐する重臣（のちには摂政・関白に固定される）と、幼帝の後見をする母后こそが必要とされ、天皇の配偶者の地位が相対的に低下した。このため、天皇の母である皇太后や皇太夫人を立てる必要があっても、皇后を立てる必要はない時期がたびたび生じた。

太皇太后・皇太后・皇后の地位は、本来、天皇の公的な祖母・母・正妻に与えられるものであった。先代の皇后は、次代の天皇の公的な母として皇太后となるべき存在である。しかし、後宮キサキの擬似《ぎじ》的母子関係の原則はすぐに破られた。皇后の位は、単に天皇周辺の女性たちの中から選ばれた女性に、特別に与えられた尊貴な地位にしかすぎないものになり、三宮の呼び名で、女性に与えられた三つの重要なポストとみなされた。こうして、天皇の配偶者ではない皇后が存在することに、奇異な思いを抱かない状況ができあがる。

冷泉天皇の皇后昌子《しょうし》内親王は、冷泉退位後も皇后の地位に留まった。三宮の他のポストに空きがなかったからである。天皇と配偶関係にない皇后の存在は、これ以降当然のように続いた。

皇后の地位がポストにすぎないのであれば、逆にポストさえあればひとりの天皇に皇后がふたりいてもかまわないということになる。皇后の別称であった中宮を独立したポストとみなして、皇后と中宮を並立させることを思いついたのが、藤原道隆であった。一条天皇の後宮に娘定子《ていし》を入内させたとき、三宮のポストは先代・先々代の后たちで埋められていた。道隆は定子のために中宮のポストを新設し、後宮に四宮のポストを作り上げた。この中宮ポストは、道隆の急死で政権を手に入れた道長によって、新たな役割を果たす。道長は、娘彰子《しょうし》を一条天皇の後宮に入れるとすぐ、定子を皇后ポストに移し、彰子を中宮に据えたのである。ここに、一帝二后が誕生したといわれる。逆に、道長は次の三条天皇の中宮に娘娍子《せいし》を立てたとき、三条の糟糠《そうこう》の妻娍子《けんし》を皇后に立てざるを得なくなってしまう。

もっとも、ひとりの天皇に配偶者としてのふたりの皇后が立つのは例外的な状況であって、院政期に入ると皇后と中宮の地位は、上皇の私的収入源の確保のためのポストとして流用されることが多くなる。皇后も中宮も、天皇と配偶関係のない内親王がつくことが当たり前になっていく。

貴族社会でようやく正妻制が根付きはじめるのと時期を同じくして、天皇の配偶者である皇后の地位は揺らぎはじめる。皇后は天皇に代わりうる存在である、といわれるような強固な皇后像はまったく息を潜める。皇后がいわれるような強く安定的な存在であるならば、平安時代全般にわたる皇后像の揺らぎや、次の時代には完全に消滅する存在にはならなかったであろう。

養蚕の儀と皇后

現在、今上《きんじょう》天皇がワイシャツ姿に黒長靴で、皇居内の水田で苗を植える御田植えの行事と、美智子皇后が蚕棚《かいこだな》で蚕に桑の葉を与える養蚕の儀は、新聞やテレビの皇室報道でおなじみの光景である。古代から続いてきた皇室行事のように思われがちな御田植えと養蚕の儀であるが、実は中国の故事に倣って、御田植えは昭和《しょうわ》天皇のときに、養蚕は明治八年（一八七五）に創設された近年の行事にすぎない。中国では皇帝が毎年の正月に田を耕して農事を祈るのに対して、皇后は三月に蚕神《さんしん》を祀った。皇帝の籍田《せきでん》耕作（親耕）に対する皇后の親蚕《しんさん》の行事は、夫は農作業を妻は養蚕をおこなうという夫婦の役割分担を、天下の民に示すものであった。

奈良時代までの皇后については、天皇にも代わりうる権威と権力をもった存在であることが強調されてきた。しかし、一夫一婦の理念がなかった時代に天皇のキサキに要求されたのは、皇女であることそのものである。皇女キサキをもつことが、天皇の権威を支えたのである。天皇家の祭祀を担ったのも、伊勢斎宮・賀茂斎院といった皇女であって、他氏出身の皇后は出身氏の祭祀を担う存在にすぎない。平安時代の皇后は、皇后としての経済的な特典や儀礼上の待遇を与えられてはいたものの、定子や娍子のように時の政治に左右されるきわめて不安定なものであった。これは、天皇の妻、唯一の正妻という皇后の立場と役割を簡潔に示す、親蚕儀礼のような儀式が成立しなかったことと無関係ではない。

日本の社会では儒教的背景をもつ夫婦の役割分担、性別役割分業ということは明確に意識されてはいなかった。女性にも口分田《くぶんでん》が支給され、女性の労働力が公的に期待される社会であった。女性の自活が認められる社会では、妻の夫に対する役割は相対的に低下する。貴族社会で正妻制が根付くのは、女の存在が家族の中に囲い込まれることでもあった。

本妻、嫡妻、正妻などの用語

近代の小説などでは、法律で認められた正式な妻を本妻、それに対して妾を権妻と呼ぶことがある。本妻という用語は正妻と同じ意味で用いられることが多いが、「本」という文字には、正しいとか正式なという意味のほかに、もとの（元の）という意味ももっている。『和名類聚抄《わみょうるいじゅうしょう》』の前妻の和訓が「こなみ」のほかに「もとつめ」とも訓じているように、本妻の使い方には注意が必要になる。

また嫡妻という用語については、律令《りつりよう》で嫡子の母を嫡母という使い方がある。正妻に男子がいない場合には、正妻と嫡母とが異なる状況が生じ、誤解をうむこともあるだろう。律令的にいえば「妻」で問題はないのだが、日本の婚姻慣習は、妻であって律令的「妻」でない例が多いことをみてきた。このため、本書では社会的認知を得て同居する配偶者を「正妻」、公式には「妻」とは認められないものの、夫に従者として仕えたことのない、非同居の妻を「副妻」とか「次妻」、夫ないし夫の家族に女房として仕えた妻は、「妾」とか「召人《めしうど》」と書き分けてきた。

このような妻たちへの差別が確立した時期が、中国的律令体制を捨てた時期と重なるのは、何か皮肉な気さえする。しかし、このように婚姻制度が整備されたことと、日本という国に固有な文化が生じたことと無縁とは思われない。少なくとも貴族官僚層では、儒教的倫理観を下敷きにして、結婚や夫婦、家族に対する枠組みを考えるようになってくる。一方で、女性にとっては、家族の中で生きる以外の道を選択することは難しくなった時代でもあった。一族の刀自《とじ》として、大きな役割を担っていた時代からみれば、明らかに女性の地位は低落する傾向にある。女性史では、この面を重視して、女性の敗北へ向かう時代に入ったと捉える。

しかし、当時の女性の立場から考えれば、家族の枠組みの確定、夫婦関係の相対的な安定、そして正妻の地位の確立は、女性の立つ基盤を確固たるものにする側面をもっていたといえる。むしろ、女性の側から正妻制の確立を求める必要があったとさえいえよう。正妻制の確立は、男性の無制限な動きにも制約を求めるものになった。儒教やキリスト教のもとでの一夫一婦制のように、婚姻の基本となる理念をもたない点で、やや脆弱なところが残るものの、一夫一婦ないし、一夫一婦多妾という婚姻の型が固まっていく。一対の男女の永続的な結びつきは家族に心の安定をもたらし、同居の夫婦が父親役割・母親役割を担うことによって子どもの社会化をスムーズにする。家族の役割を経済史的側面からだけ考えては抜け落ちる部分で、一夫一婦を基本とする結婚が必要とされる社会に成長していったのが、平安時代だといってよいだろう。

女性にとって家族とは――エピローグ

日本には、〝結婚〟が新しい家族を作る契機にはなっていなかった時代があった。古代社会では、人々は生活の面ではもちろん、意識の面でも自分の生まれ育ったグループに属し続けた。同じ先祖をもつと考える人々は同じ〝氏〟として、村の中心グループとなることが多い。同じ村の中に住む男と女は、幼いころからの仲間でもあった。同じ村の中であれば、一組の男女の関係は、恋愛か結婚かと区別する必要はなかったであろう。ミアヒ（見合い）、ヨバヒ（呼び合う）の仲は、親に隠れてのマグハヒ（性行為）へとすすむ。隣近所に住まいする男女は、屋外でも男女どちらかの家でも簡単に会うことができた。結婚とか同居とかを真剣に考える必要もなかった。

ヨバヒとツマドヒ

しかし、同じ村の中に適当な相手がいなかったり、〝氏〟の内部だけの結婚が続いて近親婚が濃くなりすぎたりした時は、村の外に相手を探した。春と秋に開かれる歌垣《うたがき》は、見知らぬ男女の出会いの場である。常陸国《ひたち》（茨城県）の筑波山《つくば》には、足柄山《あしがら》より東の男女が酒や食べ物をもって集まり、夜通し歌の掛け合いをしたり踊ったりした。その中から、好ましい相手を見つけて歌で呼びかけ、相手からの歌をもらって気持ちを確かめ合えば、性交渉に入る。その年の稲の実りを神に祈り、神に感謝する祭りの場は、性の解放の場となった。歌垣は山の神の支配する空間だけでなく、村と村の境、川の合流点、道路と道路の交差する巷など、各地の境界で開かれた。

グループを異にする異性との交際を続けるのは、同じ村、同じ一族との交際より困難が伴う。恋愛の継続を願う男は〝ツマドヒノタカラ〟を女に贈って誠意を示すこともあった。ふたりの家が離れていれば、妻問いするのも大変だった。近くに住む恋人同士よりも、遠方の村に住む男女の方が同居の希望、つまり結婚と呼べる形に踏み出す必要性が高かった。同じ村の別の家に暮らす男女でも、子どもが生まれ、子育てのころになると、同居の必要を感じ始める。女の保護者に結婚の許可を求め、新しい住まいを作ることになる。新居は夫婦のグループのいずれかを選んでも、新しい場所に生活の基盤を築いてもかまわなかった。夫婦と子どもから成る〝家族〟という括りはあいまいで、夫婦の所属するどちらかの集団に取り込まれたり、新しい居住地の中に組み込まれたり、独立したりするアミーバのような存在であった。

このような、在来の婚姻習慣をもつ人々の周辺に、半島から渡来《とらい》した人々が暮らし始める。朝鮮半島から日本へ集団で移住する波は何回かあった。特に、七世紀後半、朝鮮三国の対立から百済《くだら》・高句麗《こうくり》の滅亡への過程で、多くの人々が渡来して日本の各地に住み着いた。渡来人の集団が周辺に暮らすことによって、在来の人々の生活慣習も徐々に変化を見せ始める。在来の日本人家族と大陸の影響を受けた渡来人の家族が混在する社会に、大陸の律令法《りつりょうほう》が導入された。

律令の結婚観

律令の編纂者にとっても、律令の下敷きとなる中国的な家族関係や結婚慣習が、わが国に根付いていないことは十分理解されていた。にもかかわらず、編纂者たちは、家族婚姻法に関する条項にはほとんど手をつけなかった。大宝《たいほう》律令では、同姓不婚の原則をあいまいにぼかした条文に修正したり、嫡長男子のみが承継できる唐の爵制度に対しては、男女を問わず一族に与えられるカバネ制度を充当して、氏姓《しせい》制度の伝統を律令体制の中に埋め込むなど、中国との差別化を図った箇所も目に付く。しかし、大筋では、唐律令の背景にある中国的な一夫一婦《いっぷいっぷ》（多妾《たしょう》）制を原則とする、父系の同居家族の姿を受け入れた。

戸婚律《ここんりつ》はあるべき理想家族の姿を知らしめるためのものと考え、戸令《こりょう》は収税の基本となる戸籍や計帳《けいちょう》を形式的に整えるためのものでかまわないと考えたようである。

そもそも、律令発布《はっぷ》の主体である天皇家の結婚が、律令の趣旨からまったく逸脱した結婚であった。天皇一族は、氏族内婚制を原則として近親婚を繰り返していたし、一夫一婦の役割分担を示すモデルとして、さまざまな儀式を担うはずの皇后の冊立《さくりつ》すら確定してはいなかった。中国の家族・婚姻法をほとんど原文のまま取り入れながら、天皇の后妃《こうひ》だけは皇女《こうじょ》に限定する、皇女の結婚相手は皇族に限ると、氏族内婚制を明文化してしまった。このような矛盾を抱えたまま、律令家族法は発布されたのである。

壬申《じんしん》の乱《らん》を共に戦い、戦後処理から新体制の樹立、飛鳥浄御原令《あすかきよみはらりょう》の編纂に至るまで、ただ一人天皇と共にあったのは鸕野讃良皇女《うののさらのひめみこ》、後の持統《じとう》天皇であった。持統は天武《てんむ》天皇の唯一の正妻として皇后に冊立され、母を異にする天武の皇子たちや天智の皇子たちにまで、天皇家の母であることを示した。ここから考えると、飛鳥浄御原令にも一夫一婦を原則とした家族関連法が盛り込まれていたのかもしれない。

明治維新の後、欧化政策をとる政府は、明治《めいじ》天皇と美子《はるこ》皇后（昭憲皇太后）が揃って人前に登場する場を作り、皇太子であった大正《たいしょう》天皇と九条節子《さだこ》（貞明皇后）との結婚は神前でおこなわれたあと、パレードによって大衆に一夫一婦の結婚を印象付けた。律令制期も、まったく同様に、正妻制は、天皇家内部から意識されはじめ、長屋王《ながやおう》と吉備内親王《きびないしんのう》、白壁王《しらかべおう》と不破《ふわ》内親王など、内親王を娶《めと》った皇族がそれに続く。しかし、有力貴族社会では正妻の地位は根付いてはいなかった。ただ、宮中儀式への既婚女性の参列資格や葬儀内容の差別、蔭位《おんい》や封戸《ふこ》の相続での嫡子と庶子《しょし》の差別の導入などによって、貴族社会の中にも妻の中に序列をつけることがはじまった。律令編纂者が目論《もくろ》んだ、あるべき家族の姿が少しずつ現れ始める。しかし、社会全体では、結婚の縛りはきつくなかった。高群逸枝や関口裕子が対偶婚と呼ぶような、ゆるやかな結婚関係がまだまだ続いていた。

坂上郎女と『蜻蛉日記』の作者

日本古代の家族について、律令の文言や敦煌文書を読みながら、また、万葉歌人の大伴坂上郎女《おおとものさかのうえのいらつめ》や『蜻蛉《かげろう》日記』の作者の事例などをあげながら、話をすすめてきた。ここで、大伴坂上郎女と『蜻蛉日記』の作者は、誰を、ないしはどの範囲を家族と考えていたのかをもう一度考えてみたい。

大伴坂上郎女の場合は、『万葉集』に残された歌が中年にさしかかる年代以降がほとんどであるせいもあるが、彼女にとっての家族は、夫とその間に生まれた娘たちという小家族の枠を超えて、彼女の生まれ育った大伴の家の人々、母、兄、甥などすべてに、娘と変わらない家族としての愛情と責任を感じていたと思われる。

一方、『蜻蛉日記』の作者にとっては、若い時には兼家《かねいえ》を、兼家との生活が破綻し始める時からは道綱《みちつな》をもっとも身近な家族と感じて、その愛情を注ぎこんでいる。彼女は、時姫を母とする兼家の息子たちや兼家の兄弟姉妹には少々のつきあいはあるものの、他人行儀な儀礼的つきあいの範囲を超えず、〝家族〟意識はまったくもてなかった。もっとも彼女は、自分の父母や兄姉とも親しいつきあいは避けていた。兼家の政治的地位が思いのほかに上昇していったために、自身の出自《しゅつじ》を恥じていたきらいすらある。

大伴坂上郎女と『蜻蛉日記』の作者との家族観の違いは、単に時代の流れで捉えてはならない。『蜻蛉日記』の作者とほぼ同じ時代を生きた延光未亡人のように、一族の面倒を見続け、一族の刀自《とじ》として生きた女性もいるのだから。大伴坂上郎女と『蜻蛉日記』の作者との生き方の違いは、ふたりの性格、ふたりの実家と配偶者との社会的地位の差から生み出されたところもある。しかし、何よりも大伴坂上郎女と『蜻蛉日記』の作者との妻としての立場の違いが、ふたりの意識の違いを生み出したのではないだろうか。

律令制の導入以前はもちろん導入後もしばらくの間は、女性にとっての結婚が、女性の生き方にあまり大きな影響を与えることのなかった時代であった。大伴坂上郎女はその時代に生きた女性である。しかし、中国的家族観は、貴族階級へはある程度の強制力を伴いながら徐々に浸透していった。妻の立場も、正妻であるか否かが社会的な認識はもちろん、女性と子どもたちの生活形態、母親の交際範囲から子どもの教育環境までをも左右することになる。女たちにとっては、身分以外の格差を生じさせる時代にはいったことになる。

貴族社会を中心に中国思想の学習が普及しても、家族や結婚に関する思想が彼らの中に十分に咀嚼《そしゃく》されたとはいいがたい。紫式部《むらさきしきぶ》が中国古典を深く学んだ結果、自分の才能を花開かせる生き方と儒教《じゅきょう》的女性のあるべき姿との相克《そうこく》に悩んだのは、珍しい例である。

さて、貴族社会でも九世紀に入ると、次第に結婚儀礼が整備され、告知婚、つまり社会に対して結婚を予告し、婚姻儀式終了後に周囲に報告して祝福を受けることが一般的になった。貴族社会では、政治権力を獲得しこれを維持するためには、親と子の共同戦線を張る必要があったし、多忙な毎日の中で、将来を託す子どもの養育には親子の同居が不可欠であったことも関係している。こうして、正妻の子どもたちは、男子は初任の際の位階・官職の面で、女子は配偶者の選択で正妻以外から生まれた子どもたちより優遇されることが慣習化した。

正妻制のその後

平安中期には確立されたかにみえた正妻制であったが、もともと日本社会の慣習にはなく、中国思想の受け入れと生活の便から取り入れたものであったから、社会の根底に根付いたものとはいえなかった。正妻制のほころびはまず天皇家に現れ始める。一条天皇が政治的決着に同意して定子《ていし》と彰子《しょうし》のふたりを皇后(名称は皇后と中宮)に立てたことから、天皇の正妻としての皇后のあり方は有名無実となった。その後は、皇后の名称は後宮のキサキの身分のひとつとして扱われ、天皇の妻・正妻であることの意義はまったく失われていく。ついには皇后が立てられることもまれになり、近代に至った。

摂関家でも嫡子をもたなくても正妻の地位が守られていた摂関時代とは異なり、後継男子を生んだ母親が、一家の女主人とみなされるようになっていく。一対一、差向いの夫婦像が一般的になるのは、中世後期になってからである。武士の家では、公家の家にも増して政略結婚の傾向が強かったから、正妻の地位は実家と嫁ぎ先との勢力関係によって守られる傾向にあった。菅原氏や大江氏、阿倍氏などの学問の家や陰陽道の家、太政官事務職の家など職人的「家」の成立からはじまる「家」が、家業だけでなく、家産や家名、祖先祭祀《さいし》などと共に、子々孫々《ししそんそん》受け継がれるべき「家」となっていく。「家」の中で、妻の地位は夫に対してのものというより、家族員全員に向けられるものとなっていくことが予測される。跡継ぎたる男子を生むことが妻の最優先の責務とされ、家業を担う夫を助け、同居する舅姑の世話をする。下僕・女中までふくめた家族員の面倒、日常の祖先祭祀、時には夫の妾や遊び先にまで妻が気を配ることを要求された。〝伝統的家族〟とは、「家」の誕生によって生まれた家族であって、中国の伝統的家族に近似することはあっても、古代日本の家族像とは重ならないものであった。

あとがき

完成原稿を編集部に渡し、のんびりとした日を過ごしていたころ、娘から「紹介したい人がいる」と、切り出された。しばらく下手なドラマのようなおさだまりの展開が続いたあと、初校の校正をしている私の隣で、娘が結婚披露の招待状を作っている。三〇年余りの年月を経て形作ってきた私たちの家族は、いやおうなく分裂し、新たな家族を再生産する時を迎えている。

こんなとき、平安時代の貴族の生活を制約した穢れの習俗を思い出した。家族の死が一番重い穢れと意識されたのは、現代でも当然のことと受け入れられるだろうが、祝福されるべき赤ちゃんの誕生もまた穢れとされるのには、少々違和感を覚える。これは血の穢れの中で捉えられ、女性の月経の出血と共に、女の穢れと差別の問題として、ジェンダー学の重要なテーマとなっている。

しかし、穢れ観の発生については、死と血に対する穢れ観に加えて、安定した家族の生活を壊す状況こそが穢れ、という考え方がある。家族メンバーの構成が突然に変わり、家族員に混乱を強いる家族メンバーの死と誕生、これが穢れの源だというのである。ならば、結婚もまた穢れと捉えられることはなかったのだろうか。同居か別居か、嫁入りか婿取りかを問わず、家族員がひとり減る感覚と、見知らぬ他人が家族に加わる意識は、他のメンバーにとっては今までの安定した関係を壊すことに他ならない。まさに、穢れ観を生む状況といえるのではないだろうか。結婚が穢れのひとつに数えられなかったのは、平安時代までの結婚が、家族構成の変化を強制するものではなかったからではないか。はからずも、娘の結婚は私の考えを証明することになったようである。

年の離れた末娘であった私が、〝家族〟を意識するようになったのは、長女が誕生してからだった。律をテーマにした修士論文を書き終え、新設された博士課程への進学を決めたとき、長女がおなかの中にいるのがわかった。この状態で研究が続けられるのか。悩む私に、専門分野はもちろん年齢も経歴もバラエティに富んだ同級生たちが、自分の経験や最新の乳幼児教育や心理学の研究成果を持ち寄るなどして私を励ましてくれた。こうして、夫や夫の両親の協力を得て、研究と子育ての生活がはじまった。

博士課程の同級生の仲間で、研究領域を超えた研究会を開いたのもこのころのことである。テーマは、全員に共通する「女性」。結婚、育児、将来への不安など、私自身の生き方を見直す時間と重なったこともあり、女性史、特に家族と婚姻の問題に取り組んでみようと考えた。

恩師青木和夫先生の勧めで、池田温先生主催の『唐律疏議《とうりつそぎ》』を読む研究会に参加させていただいたことから、まず、律令の条文では女性はどのように表現されているのか、と改めて条文を読み進めることから勉強をはじめた。当時は、婦人会館、婦人白書、婦人参政権など、女性一般に対して〝婦人〟の語が当然のように使われていた。律令ではどうか。「婦人」と「女」の文字使いと、日本の律令と唐の律令の使い方の違いにハッとした。まさに、中国と日本との家族の違いが、この「女」一文字に集約されている、と一気に論文にまとめた（本文五六ページ「律令法からみる家族」の項参照）。研究会の成果は、メンバーによる女性研究者と女性学研究に関する座談会を含めた論文集、『女性と文化』として白馬出版社から出版することができた。私が編集担当としてまとめあげた本でもあり、ささやかながら成果がでたことで、わが〝家族〟へも申し訳がたった。『女性と文化』は、シリーズとして四冊出版され、掲載された論文の一部は本書に使わせていただいた（本文一〇五ページ「さまざまな家族」）。

その後、青木和夫先生の還暦記念論文集に寄せた論文「摂関家の正妻」において、ようやく高群の婚姻理論の誤謬《ごびゅう》に正面から向き合うことができた。幸いこの論文は多くの方の関心を引き、平安時代の結婚と正妻問題についてだけでなく、女性の寿命、明子の地位などさまざまな側面で引用していただいている（本文一四一ページ「正妻制の成立」）。

敦煌文書については、一九九八年九月から一年間の海外研修の折、大英図書館中国部長のフランシス・ウッドさんのご好意によって、文書の実物を手にとって調査した中からまとめたものである（本文一二三ページ「敦煌の女たち」）。

昭和の年号の消える前年に、現在の職場に勤めることになった。当時は女子大でも女性史の講座は少なく、まして専任が女性史を担当していた大学は珍しかった。同じ史学科に籍を置かれた尾藤正英先生が、新設の史学科に必要な講義科目として女性史や女性文化史を開くことを進言してくださったという。改めて女性史、家族史研究のきっかけを作ってくれた関係者の方々に感謝したい。

最後に、わが家族、坦と純子、周に助けられたことを記して終わりとする。

二〇〇六年九月

梅村恵子

著者紹介

一九四七年、静岡県に生まれる
一九八三年、お茶の水女子大学大学院博士課程比較文化学専攻満期退学
現在、川村学園女子大学文学部史学科教授

主要著書・論文

日本女性史論集〈共編〉
摂関家の正妻〈論文、『日本古代の政治と文化』所収〉

歴史文化ライブラリー
227

家族の古代史
恋愛・結婚・子育て

二〇〇七年（平成十九）三月一日　第一刷発行

著　者　梅《うめ》村《むら》恵《けい》子《こ》
発行者　前田求恭
発行所　株式会社 吉川弘文館
東京都文京区本郷七丁目二番八号
郵便番号一一三—〇〇三三
電話〇三—三八一三—九一五一〈代表〉
振替口座〇〇一〇〇—五—二四四
http://www.yoshikawa-k.co.jp/
印刷＝株式会社 平文社
製本＝ナショナル製本協同組合
装幀＝マルプデザイン

© Keiko Umemura 2007. Printed in Japan

歴史文化ライブラリー

1996.10

刊行のことば

現今の日本および国際社会は、さまざまな面で大変動の時代を迎えておりますが、近づきつつある二十一世紀は人類史の到達点として、物質的な繁栄のみならず文化や自然・社会環境を謳歌できる平和な社会でなければなりません。しかしながら高度成長・技術革新にともなう急激な変貌は「自己本位な刹那主義」の風潮を生みだし、先人が築いてきた歴史や文化に学ぶ余裕もなく、いまだ明るい人類の将来が展望できていないようにも見えます。このような状況を踏まえ、よりよい二十一世紀社会を築くために、人類誕生から現在に至る「人類の遺産・教訓」としてのあらゆる分野の歴史と文化を「歴史文化ライブラリー」として刊行することといたしました。

小社は、安政四年（一八五七）の創業以来、一貫して歴史学を中心とした専門出版社として書籍を刊行しつづけてまいりました。その経験を生かし、学問成果にもとづいた本叢書を刊行し社会的要請に応えて行きたいと考えております。

現代は、マスメディアが発達した高度情報化社会といわれますが、私どもはあくまでも活字を主体とした出版こそ、ものの本質を考える基礎と信じ、本叢書をとおして社会に訴えてまいりたいと思います。これから生まれでる一冊一冊が、それぞれの読者を知的冒険の旅へと誘い、希望に満ちた人類の未来を構築する糧となれば幸いです。

吉川弘文館

〈オンデマンド版〉
家族の古代史
恋愛・結婚・子育て

On Demand
歴史文化ライブラリー
227

2019年（令和元）9月1日　発行

著　者　梅《うめ》村《むら》恵《けい》子《こ》
発行者　吉川道郎
発行所　株式会社　吉川弘文館
〒113-0033　東京都文京区本郷7丁目2番8号
TEL　03-3813-9151〈代表〉
URL　http://www.yoshikawa-k.co.jp/

印刷・製本　大日本印刷株式会社
装　幀　清水良洋・宮崎萌美

梅村恵子（1947～）
© Keiko Umemura 2019. Printed in Japan
ISBN978-4-642-75627-3

JCOPY　〈出版者著作権管理機構　委託出版物〉
本書の無断複写は著作権法上での例外を除き禁じられています．複写される場合は，そのつど事前に，出版者著作権管理機構（電話03-5244-5088，FAX 03-5244-5089，e-mail: info@jcopy.or.jp）の許諾を得てください．